哲学导言
交往理性五论

Philosophical Introductions:
Five Approaches to Communicative Reason

[德] 尤尔根·哈贝马斯 著

童世骏 应奇 郑宁宁 译

上海译文出版社

目录

自序

在我八十岁生日之际，苏尔坎普出版社鼓励我，针对自己哲学工作的重点，做一个系统的论著选编。这个建议正合我的心意，因为，在我狭义的哲学兴趣所指向的那些论题方面，我还一本专题论著都没有写过呢。这样，讨论以下专题的几卷文选，就权当是未能写出的那些专著的替身吧：

——社会学的语言理论基础；

——形式语用学的语言观和理性观；

——商谈伦理学；

——政治哲学；

——后形而上学思维的地位[1]。

"交往行动理论"相当复杂，有必要在不同方面做同时捍卫。这样一种社会理论的奠基，是在处理哲学问题的"预研究"中进行的；对这些哲学问题，必须在其自身特有的意义上加以重视，而不能与社会科学问题混为一谈。在科学商谈的复杂网络当中，哲学论据必须在其自身领域做出现场抗辩。对这些系统特点，哲学论著编选必须有所呈现。另一方面，这些辩解努力虽然必须作为对哲学专业讨论的贡献而立足自身，却依然同时在一个雄心不小的社会理论的总体语境中拥有一席之地。为了澄清这些相互关联，我为五卷专题文选的每一卷都写了一个导言。在任何别处，我都还没有设法对我的整个哲学做过一个"俯瞰"（Überblick），如果我能这么说的话。这几十年来，我不安地感到，与我们学科领域的不可避免的专业化过程相关联，我的论著不再被人们看做是要提出一个完整的哲学观了。它们被解读为"零散"之论，而非对——比方说，合理性理论，行动理论，政治理论，或法理论，道德理论，语用学，尤其是社会理论——的某些方面的通者之论。正是因此之故，这些"导言"所提供的概览很称我心，尽管不能错估它们的发表情境。

把这些导言从它们所引导的文本脱离开而单独出版，可能是有点过分的：读者在必要时得自己去找那些文本[2]进行查对。因此，我感谢让-马克·杜朗-加瑟兰（Jean-Marc Durand-Gasselin），他应我之请用某种意义上难以想象的努力补上了这个缺口。我的那些总是与特定文本相关联的导言，经过莱茵河对

[1] Jürgen Habermas, *Philosophische Texte*, 5 vols（Frankfurt am Main: Suhrkamp, 2009）.

[2] 凡是引自这些导言中讨论的文本，都用黑体标出。

面一位才华横溢的法国同事从他的视角出发所做的大手笔勾勒，
而得到了充实。

尤尔根·哈贝马斯

施塔恩贝格，2016年12月

✸ 导 论

尤尔根·哈贝马斯的事业：树根、主干和分枝[1]

让-马克·杜朗-加瑟兰[2]

[1] 本文（由出版社提供的法语文本）由郑宁宁参照英文译本（与法语文本不完全对应）译成中文，随后由贺敏年和应奇对照英译本（收入 Jürgen Habermas: *Philosophical Introductions: Five Approaches to Communicative Reason*, introduction by Jean-Marc Durand-Gasselin, translated by Ciaran Cronin, Polity Press, 2018）完成校读，最后由童世骏审定。——译注

[2] 让-马克·杜朗-加瑟兰（Jean-Marc Durand-Gasselin, 1973- ），哲学博士，高师预科班教师，图尔大学讲师，隶属巴黎第十大学索菲亚波勒实验室（Laboratoire Sophiapol），该实验室为当代法国马克思主义研究重镇。他的研究兴趣主要为现代社会学哲学，尤其关注其中的德国传统，著有《法兰克福学派》（2012）。——译注

眼下这个文本旨在引介由尤尔根·哈贝马斯的五篇文章组成的文集，这个文集中的每一篇原是他为其哲学论文集的各卷所撰写的导言，它们对应于其工作中的某一方面：社会学的语言理论基础；合理性与语言理论的关系；商谈伦理学；政治理论；最后是理性批判。作为哈贝马斯作品在德国的主要发行方，苏尔坎普出版社希望借由对其丰富的理论成果中的突出成就进行考察的方式，来庆祝哈贝马斯的八十岁生日。因此，这五篇导言为哈贝马斯的理论建构提供了极为丰富的、并且是前所未有的追溯视角，对于其作品的阐释分析具有不可替代的作用。

这些导言固然是极具思想内容的，不过，它们所呈现出的四个特征可能会对读者造成一定的困难。

前两个难点在于，它们作为**专题性**导言和**哲学性**导言，实际上是颇具学术意味的。因此它们是按照明晰且相当经典的学院思路来对哈贝马斯作品进行划分的。但这却与以下事实相悖：一方面，他的作品总是以更有机的方式围绕某个核心展开讨论；另一方面，比起以学院思路来划分，哈贝马斯的方法论立足点更富有跨学科色彩。再一个难点是，哈贝马斯的研究倾向于呈示**结果**或**进展**和**澄清**，而不是去说明其背后的研究过程。最后一个，亦即第四个难点，是前三个难点的直接表现：导言所涉及的要么是他写于1970年代的文本（为数极少）[1]，要么是1980年代至今的文本（占绝大多数），也就是**哈贝马斯的社会批判理论形成之后**的那些文本。[2]

在本文的第一部分（Ⅰ），我将首先试图通过解决以下四个问题来阐明这五个专题性导言：这些文本所及，在多大程度上是同一主干的若干分支，还是那个主干的某一部分？又在何种意义上，这一主干比起这些主要是哲学性和专题性的概述所表明的更具有跨学科性？此外，对于理解哈贝马斯的构想来说，形成其主要理论主线的构成性问题和高度原创的思想形式在哪些方面是不可或缺的？最后，主干的一部分，连同根部，它们在多大程度上属于他在1960年代甚至是1950年代的工作？随后，在第二部分（Ⅱ）中，我将依次讨论每一个导言，并将其置于这一理论场域及其整体建构和阐释的动力学之中。

---

[1] 在全部的46个文本中，并没有收录哈贝马斯在上世纪五六十年代的作品，而且只有4个文本是他在1970年代所写的。

[2] 正如哈贝马斯在其德文版五卷本的每卷开头序言的两页中所说，他很清楚自己必须做出的选择，因而也很清楚他赋予这个五卷本文集的哲学性和专题性，这就是为什么在注释中他不仅引用了自己的专著，还引用了所有他在其中发展其社会理论或专题讨论特定作者的论文集。

I 哈贝马斯的事业的一般特征

在这一部分中，我们将泛泛地勾勒哈贝马斯的事业之全貌，以及从最初以来的理论建构。

A. 背景、意图和构想

1. 要了解树的根部，就必须同时牢记一些综合的语境因素。在此，我们必须首先**把**这些语境因素和历史因素**相互关联起来**，它们为了专题阐述的目的而**分见**于不同的导言中，并在大多时候只做了初步的说明。

前两个是历史和政治因素；尽管这二者各自产生的情感共鸣并不均衡，但它们都注定会在哈贝马斯的思想发展中起着主导作用。首先是第二次世界大战所带来的深刻冲击，对纳粹暴行的揭露，以及再教育的方案[1]。其次是战后技术官僚制经济强劲增长时期的联邦德国——由于来自左右两方面的限制（右侧的限制来自纳粹历史，左侧的限制来自与共产主义的民主德国的对抗），联邦德国的政治光谱极其狭窄。1929年出生于杜塞尔多夫的哈贝马斯是从一开始就认同了再教育

---

[1] 指二战以后盟军在其所占领的德国各州实施的非纳粹化和民主化的公民政治教育方案。——译注

事业的，[1] 也认同对二十世纪五六十年代技术官僚主义和凯恩斯主义合理化过程的院外（extra-parlementaire）反对和批评。这两个很早就结合在一起的语境因素使得哈贝马斯对于二十世纪五六十年代德国知识格局中的某些组成要素，更广泛地说，对于整个德国思想史，形成了一个十分稳定的又疑又亲的复杂心态。

这些又疑又亲的心态将持续存在，并在一个特定的学术背景中，通过那些对哈贝马斯早期成长具有重大影响的阅读，而**获得其初期确证**。因此，我们有必要将前两个历史因素和政治因素与思想史本身的三个语境特征结合起来：德国哲学领域的结构及其在纳粹主义前后的主要思潮，哈贝马斯对卡尔·洛维

[1] J. Habermas, *Kleine Politische Schriften, I–IV*, Frankfurt / Main, Suhrkamp, 1981, p. 513（Jürgen Habermas, *Autonomy and Solidarity: Interviews with Jürgen Habermas*, rev. edn, ed. Peter Dews [London: Verso, 1992], p. 79）："我自己就是'再教育'的产物。"这一表达出自哈贝马斯之口，也有一种政治上的刺激意味，其缘由很具体，即它在德国也被用于批评占领部队，批评其道德姿态和粗暴手法。哈贝马斯之所以郑重其事地用"再教育"这个词，是因为他反对这样一种观点，即认为第二次世界大战是一场由一个正常国家发动并打输了的正常战争，而这个正常国家那时正被置于道德上非法的国际占领部队之下。因此，这也延伸了哈贝马斯对他从1929年至1945年的童年和青春期的惊愕和反思（suspicion rétrospective）；那个时期的顺从主义和准常态状况让他震惊地感到像是一种幻觉。从更广泛的层面上讲，接受"再教育"也反映了这样一种愿望：与那个曾经孕育了纳粹主义的文化背景、与源于德国浪漫主义的那种总想把德国视为属于中欧而非西欧的想法，做一个历史性的决裂。

特（Karl Löwith）《从黑格尔到尼采》[1]一书的阅读，最后还有与卡尔-奥托·阿佩尔（Karl-Otto Apel）的相遇。

实际上，德国哲学领域在二战前后的连续性（连同其内在的两极性和历史的共鸣性）之所以是首要因素，是因为它们再现了那些用来刻画二十世纪二三十年代的结构和哲学冲突，尽管这是以一种委婉的方式发生的。战后哲学领域的这种委婉化是几个因素相结合的产物，包括有关纳粹的禁忌、再教育的方案、联邦德国新的且高度稳定的制度体系，以及与民主德国的对抗。这里必须提及三个思想家族的观点。第一个思想家族的观点又包括了四股思潮，它们代表了德国哲学（它具有权威主义和精英主义的特征，总的来说政治上是保守的）在纳粹时期之前、期间和之后的一种连续性以及强烈的含混性：卡尔·施密特（Carl Schmitt）及其门徒的决断论和表现主义式的霍布斯主义；埃里希·罗特哈克（Erich Rothacker，哈贝马斯在1950年代的导师）、赫尔穆特·普莱斯纳（Helmuth Plessner）和阿诺尔德·盖伦（Arnold Gehlen）的哲学人类学；马丁·海德格尔（Martin Heidegger）的现象学及其在汉斯-格奥尔格·伽达默尔（Hans-Georg Gadamer）那里的解释学版本；以及约阿希姆·里特尔（Joachim Ritter）的

[1] Karl Löwith, *De Hegel à Nietzsche*, Zurich, 1941（Karl Löwith, *From Hegel to Nietzsche*, trans. David E. Green [New York: Columbia University Press, 1964]）. 哈贝马斯一直到进入20世纪以后还经常在其著作中引用洛维特的这本书。他同样在本书第五篇导言的开头引用了此书。

黑格尔右派。这些潮流在战后学术界，从而也包括哈贝马斯从1949年至1954年接受高等教育的那些年里，占据着主导地位。[1]第二个思想家族包括维也纳学派（Cerclede Vienne/the Vienna Circle）中的几股思潮：被迫流亡的逻辑经验主义者的自由理性主义——它以一种不那么僵硬的形式在卡尔·波普尔（Karl Popper）的批判理性主义中得到延续，以及留在美国的该学派主要代表。最后一个思想家族则是德国马克思主义，其黑格尔的和韦伯的特征深受乔治·卢卡奇（György Lukács）影响，同时在因与民主德国相对抗而强化的反共语境下，伴随着法兰克福学派及其色彩丰富的人物和跨学科研究的流亡与回归，这种德国马克思主义得到了加强和延续。哈贝马斯在其学术生涯早期就读过卢卡奇的《历史与阶级意识》和马克斯·霍克海默（Max Horkheimer）及西奥多·W.阿多诺（Theodor W. Adorno）的《启蒙辩证法》，并深受其影响，继而他逐渐浸润到这最后一个思想家族的遗产之中，并部分地接受了它对另两个思想家族的某些批评——这是在五篇导言中议论到的一个出发点。

尽管哈贝马斯最初对德国马克思主义传统的复兴抱认同态度，但这些对抗事实的委婉化将促使他很早就开始在这三群思潮之间寻求**折衷和结合**的立场，这在1930年代甚至1920年代

---

[1] 哈贝马斯依次在哥廷根、苏黎世和波恩的大学学习。他后来将该时期的学术氛围描述为偏狭的、模糊的。

末都是无法想象的，原因就在于那时也反映在哲学领域的极端主义现象。因此，我们看到在1960年代初，哈贝马斯就已经向各方面有所借鉴，尤其是波普尔、伽达默尔以及（当时已故的）马克斯·舍勒（Max Scheler）的哲学人类学。

随后，通过对洛维特《从黑格尔到尼采》一书的阅读，哈贝马斯确立起其对哲学史的关键阐释，在这一阐释中，黑格尔前后标志着如下重大转折：一方面，是具有很强的理论概念和沉思的（与实践相分离的）理性观念的形而上学；另一方面，是被抛入历史、语言和行动之中的后形而上学思维，它接受其自身的可错性，尤其是从青年黑格尔派那一代开始得到发展。[1]

最后，阿佩尔对哈贝马斯思想的发展起到至关重要的作用。阿佩尔比哈贝马斯年长七岁，是他忠实的朋友和导师，还是他思想的一位摆渡人。他向哈贝马斯介绍了欧洲的整个语言哲学传统，特别是从威廉·冯·洪堡（Wilhelm von Humboldt）到伽达默尔的解释学传统，还有路德维希·维特根斯坦（Ludwig Wittgenstein），也就是语言学转向。最后，哈贝马斯通过阿佩尔了解到查尔斯·桑德斯·皮尔士（Charles Sanders Peirce）的美国实用主义，也就是上世纪五十至六十年代间一种与民主设想具有特殊亲和性的传统；也就在那时，由于联邦德国的再教育、

---

[1] 我们可以从哈贝马斯的博士论文《绝对性与历史，论谢林思想中的矛盾》中看到这点，该论文在罗特哈克的指导下，于1954年在波恩大学完成答辩，专门讨论黑格尔之后那代人的群体和谢林所起的激励灵感作用。

强劲经济增长和冷战的地缘政治环境这些背景，这一美国风潮吹遍了整个联邦德国。[1] 就这样，"三个转向"，即解释学转向、语言学转向和语用学转向，已经就绪。因此，在德国，对哈贝马斯来说，阿佩尔在打破知识隔阂和制定某些理论纲要方面发挥了重要作用，也就是说，阿佩尔将因流亡而分离的那些传统作了调和（上文所提及的委婉化也促进了这种调和），[2] 这不仅仅是通过转向之主题以及诸转向之汇聚，而且是通过把交往这个核心主题理解为对康德诸议题的皮尔士式实用主义复兴而实现的。[3]

2. 现在，让我们来考察一下这五个因素是如何衔接到一起的，并且是如何在思想上形成了肯定和否定的两个面向——这正反两极在哈贝马斯整个工作的演进过程中会经历不停的**分化**和**辩护**，并且——虽然是以一种改良的方式——延续战前德国哲学领域的结构。

---

[1] K.O. Apel, *Transformation der Philosophie I et II*, Frankfurt/Main, Suhrkamp, 1973（Karl-Otto Apel, *Transformation der Philosophie*, 2 vols, Frankfurt am Main: Suhrkamp, 1973; English translation of selected essays: *Towards a Transformation of Philosophy*, trans. Glyn Adey and David Frisby, London: Routledge & Kegan Paul, 1980）.

[2] Ibid. Tome I, pp. 225–377.

[3] Ibid. Tome I, pp. 157–77. 在这种严格意义上的思想影响之前，主体间性这个核心主题形成于他生命史中的两个强大动机：一方面，1945 年他得知集中营的存在后，对他到那时为止的准常态人际关系幻象的回溯性检视；另一方面，由于唇腭裂残疾，他在其幼年时期经受的考验既有外科手术的痛苦，也有同龄人嘲笑的目光。从这一角度来看，他对交往这个核心主题在智识和情感上表现出高度的一致性。

首先，批判之极（polarités critiques）体现在两个方面。

批判之极的首要表现，是作为一种自认的"再教育的成果"，哈贝马斯批判了纳粹主义前后思想的所有连续性，以及更一般地，批判了纳粹主义之思想前史中那些明显可认的组成要素；[1]它包括德国浪漫主义；先知式和审美化的姿态；秘传式的和精英主义的风格；对古希腊的迷恋；因而从更广义上说，一切他后来会归于对现代性态度暧昧的"德国式的柏拉图传统"名下的东西；至少在某种程度上是这一传统所体现的权威主义和精英主义；[2]因此更一般地说，在德国内外表现了与这种保守

[1] 哈贝马斯首次强烈察觉到这一点的文献表达，是1953年写的一篇关于海德格尔的文章，in *Philosophisch-politische Profile*, Frankfurt/Main, Suhrkamp, 1981, pp. 65–72。("Martin Heidegger: On the Publication of the Lectures of 1935", in Richard Wolin, *The Heidegger Controversy: A Critical Reader* [Cambridge, MA: MIT Press, 1993], pp. 186–97。)

[2] 对于这种回溯性的怀疑和"特殊道路"（Sonderweg）[译按，根据英译本，这是指在某些保守派思想家中流行的观点，即德国历史和文化代表了一条与西方现代性和启蒙运动的主流不同的"特殊道路"（special path）的主题（p.172）]，至少有四点要牢记。一、曾被人（最有名的是赫尔德）用来反对法国和康德式启蒙时代的机械论和普遍主义的那种有关和谐、有机整体和生命的表现主义的浪漫修辞，被纳粹盗用了，并且做了生物主义和种族主义的解释。这些修辞在整个十九世纪被保守派思想重新赋予了活力，并为一种对现代性的暧昧态度提供持续支持。二、同样，希腊传统，自艺术史学家温克尔曼的作品及其在德国浪漫派的接受以来一直占据中心位置的这个主题，也被纳粹盗用，他们以斯宾格勒有关历史文化之玄想的风格，来计划对斯巴达做一个现代主义的复兴，以此来抗衡耶路撒冷的历史统治。三、阿尔弗雷德·罗森伯格（Alfred Rosenberg）对埃克哈特大师（Maître Eckhart）的吁求、海德格尔在1930年代初对柏拉图主义元政治学的捍卫，以及施密特的奥古斯丁式和权威主义式的悲观主义，都表明柏拉图（而不是人们通常 [转下页]

主义或浪漫主义有家族相似的那些思想形式，尤其是所有形式的仍然根植于形而上学的（关于存在、善等等的）哲学实体主义。尽管阿佩尔的影响削弱了这一回溯性观点的严峻性，[1]但这个观点为我们看待哈贝马斯对海德格尔和施密特的青年保守主义、盖伦的权威论制度主义和里特尔的右翼黑格尔主义的批评，提供了理解背景，更不用说还有对伽达默尔关于理解和偏见的理论的批评，以及最后，对美国新保守主义的批评。但这个回溯性观点也影响了他后来对汉娜·阿伦特（Hannah Arendt）的新共和主义的批评（尽管后者与他自己的方案是相近的），以及他对美国的社群主义的批评——批评前者是由于它过度依赖古代的（共和）模式，而批评后者则是由于它过分借重亚里士多德的学说。最后，我们还必须从这个观点出发来理解他对阿多诺、赫伯特·马尔库塞（Herbert Marcuse）和瓦尔特·本雅明

［接上页］认为的尼采）是第三帝国的官方哲学家。四、诗性精英的新浪漫主义主题也被纳粹滥用为好战、种族主义和鼓吹牺牲的形式。对哈贝马斯来说，所有这些都是对德国思想史上所有柏拉图化和普罗提诺化特征特别具有穿透力的凸显，这些从莱茵河畔的神秘主义到路德，随着农民起义的失败而转向专制，与德国浪漫派和唯心论相结合，并一直延伸至海德格尔，甚至到阿多诺。哈贝马斯将这种总体面貌称为"德国式的柏拉图传统"，它具有悲观主义、精英主义和权威主义的特征，催生了对于现代性的深刻暧昧态度。这就是为什么他有时会倾向于说，康德是唯一一个对现代性态度不含糊的德国思想家。

[1] 阿佩尔对"常态化"更有怀疑，而对德国哲学传统则疑心较少。哈贝马斯和阿佩尔之间这种差异的一个例子，是哈贝马斯在维特根斯坦和海德格尔各自与德国精神的关系中所观察到的共同之处。See *Texte und Kontexte*, Frankfurt/Main, Suhrkamp, 1991, pp. 84-90。

（Walter Benjamin）的审美化和浪漫化倾向以及法国新结构主义者的保留态度。而在这一态度背后起作用的正是它与"德国式的柏拉图传统"之间的冲突，以及后者与现代性之暧昧关系。

此外，哈贝马斯还对不同形式的实证主义持批判态度，他认为实证主义是技治论的帮凶，它将理性还原为计算，并倾向于将实践理性还原至工具性层面。[1] 这一批判思路明显表现在与实证主义的论战中，[2] 也贯穿于对尼克拉斯·卢曼（Niklas Luhmann）系统论的客观主义的批评（尽管对哈贝马斯来说，后者同样是专断的和技治论的保守主义代表）中，而在最近，则体现在对神经唯物主义还原论（réductionnisme du matérialisme neuronal）的拒斥中。

其次，还存在一些肯定的极性。

它们首先表现在黑格尔式和韦伯式传统在德国马克思主义中的复兴，后者受到卢卡奇的启发，并在霍克海默的跨学科的马克思主义中得到重塑。霍克海默自己也批评了本体论主义的保守倒退，正如他对实证主义和将哲学还原为认识论这二者的

---

[1] 战后经济重建的必要性和随后的成功往往将文化保守主义的趋势与对技治论的和资本主义的合理化的捍卫结合了起来。对哈贝马斯来说，这是一个一直持续到今天的非常根深蒂固的趋势；他的这种看法，我们从他对德国马克民族主义以及随后对德国的欧洲政策的批评就可以看出。

[2] 可阅读他关于实证主义的一些文章，见 J. Habermas, *Zur logik der Sozialwissenschaften*, Frankfurt/Main, Suhrkamp, 1970/1982, pp. 15-85.（*The Positivist Dispute in German Sociology*, trans. Glyn Adey and David Frisby [London: Heinemann, 1976], pp. 131-62 and 198-225。）

批判态度一样。[1]哈贝马斯还试图复活作为《什么是启蒙》和《实践理性批判》作者的康德，并恢复康德的通过讨论进行自我教育的概念，以反对《论人类的审美教育书简》中审美化和浪漫化的席勒——后者在阿多诺、本雅明和马尔库塞身上得到了部分延续，也反对有关善的实体论的和保守主义的伦理学理论。另一个肯定的极性也表现为对皮尔士以及约翰·杜威（John Dewey）的实用主义，即这样一个特别强调民主的思想传统的复兴，以及更为直接的，是对作为交往行动理论构成要素的反实证主义要旨的复兴——就交往理论而言，这些要素尤其包括后期维特根斯坦、约翰·R.塞尔（John R. Searle）、斯蒂芬·图尔敏（Stephen Toulmin）、阿尔弗雷德·舒茨（Alfred Schütz）、诺姆·乔姆斯基（Noam Chomsky）和迈克尔·达米特（Michael Dummett）等人的工作；就社会理论而言，其中包括了韦伯和塔尔科特·帕森斯（Talcott Parsons）等人的工作。

　　与霍克海默相比，这里首要的创新之处在于，哈贝马斯是从向正在兴起的后形而上学时代过渡的历史和思想之转折的角度出发，同时也是从在阿佩尔影响下而形成的解释学转向、语用学转向和语言学转向的角度出发，对他所批判和捍卫的那些

---

[1]　霍克海默在其1930年代专门论述批判理论及其谱系的主要文章中，基本上是在与海德格尔和维也纳学派的对照中来给自己定位的，继而在1940年代至1960年代，他在与实体论（如新托马斯主义）和实证主义的对照中给自己定位。

立场进行了阐明，而这甚至早于用交往行动理论来论述这种差异。此外，把哈贝马斯早期对洛维特的阅读和对阿佩尔思想的引进相结合，在理性之**去先验化**（détranscendantalisation）的浩大事业中，对本体论主义、哲学人类学、实体主义和实证主义的**迟滞**（retards）进行概念化思考，相应地，批判理论需要通过使自身适应解释学转向、语用学转向和语言学转向来**适应这一历史运动**的要求；上述这些工作恰恰是由交往行动理论来完成的。这样，据说存在于从卢卡奇到阿多诺的对黑格尔-韦伯式马克思主义的延续，就关联上了这样一种真正的**哲学史排序**，它会影响对用于哈贝马斯自己的事业（批判地复兴德国马克思主义事业）和对其他立场的批评的那些理论材料所做的分类：范式（哲学本体论、现代主体哲学、当代语言哲学）；转向（解释学转向、语用学转向、语言学转向）；模式（与描述的优先性相伴随的"逻各斯中心主义的"、多元主义的）。[1]

从更广阔的背景来看，这个去先验化序列必须与哈贝马斯

---

[1] 在做这个排序（"范式"、"转向"和"模式"）时哈贝马斯的术语并不严格，但的确可以发现这三者的不同。正如我们在上面看到的，这些术语是在20世纪50年代受到洛维特和阿佩尔的启发而来的。在1980年代，达米特和图根哈特加强了这一观点，他们在1970年代对由语言分析及其带来的历史性断裂所开创的新的哲学形式进行了详尽讨论。同样起到加强作用的还有福柯在《词与物》中对现代断裂之后过度的先验立场的悖论性进行了分析，还有罗蒂在《哲学和自然之镜》中对这类作为参照系的哲学（la philosophie assignatrice de place/the philosophy of reference）进行了批判，以及，以非常松散的方式，还有雅克·德里达通过对"逻各斯中心主义"一词的复兴而批判断言式命题相对于其他形式命题的优先性。

在1960年代和1970年代逐步制定的社会理论联系起来。合理化和功能分化理论所描述的那个进化过程的结果，是逐渐出现不同的社会活动领域（科学、政治、经济、艺术），它们由不同建制（研究院和大学；议会和行政机构；证券交易所和商业法庭；艺术学院，等等）提供支撑，并通过对不同知识学科的区分（科学与哲学的区分；科学与神学的区分；自然科学与人文科学的区分）而不可避免地改变文化（culture）与学问（culture savante）。因此，思想领域的迟滞或调整也具有**社会学意义**，它反映在对马克思主义意识形态批判的哈贝马斯式复兴中。

因此，除了直接的哲学层面或思想层面，该序列还具有政治的泛音和社会学的对应物。

最后，与第一代批判理论家的第二个主要的差别（这个差别与去先验化相关）在于，阿佩尔通过对皮尔士的解读而提出的那个交往方案，导致哈贝马斯区分了主体性和主体间性范式两种"范式"（但不再主要从历史的意义上）。以"逻各斯中心主义"之名（宽泛地说也受了德里达启发），哈贝马斯对诸多理论进路中过于重视理性的认知维度和断言式命题而轻视语言的道德方面或表达方面的偏向——这种偏向在以分化为特点的现代性条件下特别有可能引出还原论的结论——提出了一种更加谨慎但也更加果断的批判。

由此，我们就有了一套完整的"理论类型"，它们使哈贝马斯能够建构和理解他自己的立场和他的辩友们（protagonistes）

的立场，同时也构成了哈贝马斯卓越的理论生产力的基础。

3.这一序列也主导了这样一种独特的**研究**方式，亦即反复确认根据此序列而分类和选择的那些理论材料之间的**重叠和趋同之处**，这也反映了如下事实，即后形而上学哲学家是缺少为其专有的直觉或智力手段的。[1]在理论构造中，这些重叠点与标准的概念**论证**和经验**论证**相结合，发挥着**解释学的和启发式的指导作用**。[2]交往行动理论因此将既被纳入这一序列之中，同时也体现了这种研究方式。这一点既适用于社会理论，也适用于法律理论、伦理学和指称理论，尽管其适用的明确程度并不相同。

在哲学领域，这一序列和研究方式以各自的方式显示了德国落后性的问题和一个**追补型革命**（une révolution de rattrapage）的问题，后者可以被视为**横跨**哈贝马斯整个工作过程的一条线索：我们可以在他的社会理论中看到它，可以在其关于理性和真理理论的所有详细论述中看到它，也可以在其道德理论和法

---

[1] 哈贝马斯在1980年代初对其理论进行回溯性反思时，曾指出这是其理论建构难题的元理论维度，见 *Theorie des kommunikativen Handelns II*, Frankfurt/Main, Suhrkamp, 1981, p. 588（Habermas, *The Theory of Communicative Action*, trans. Thomas McCarthy, vol. 2, Boston, MA: Beacon Press, 1987, pp. 399–400）；*Moralbewusstsein und kommunikatives Handeln*, Frankfurt/Main, Suhrkamp, 1983, p. 23。（*Moral Consciousness and Communicative Action*, trans. Christian Lenhardt and Shierry Weber Nicholsen [Cambridge: Polity, 1990], pp. 15–16。）

[2] 参见后文 *I.B.1* 和 *I.C.1* 部分。

律理论中看到它。说到底，追补型革命的问题提法把德国的例子（其特征是纳粹逆行以及与之相连的那些合法化形式），视作反现代之逆行和阻滞的一个特例。

但是，正如我们将看到的那样，哈贝马斯也必须为一些**特定问题**提出解决方案。这就是为什么他的许多文本采取的是一些理论的**问题化清单**的形式，而这些理论是根据其与去先验化运动的相关性、根据其对哈贝马斯在这个运动中提出的问题的回应来加以分类的。

因此，从整体来看，这些因素勾画出了一个同时是情感的、政治的、思想的和哲学的框架，这一框架是哈贝马斯从1950年代至1980年代的三十多年当中**逐渐阐明的**，而他的那个批判性地复兴法兰克福遗产的原初**方案**，其建构必须要放在这个框架内来理解。

4. 事实上，哈贝马斯于1956年在法兰克福被聘为阿多诺的研究助理时，[1]最初关注的便是大学生的政治观点。[2]在这本合作论文集的导言中，他已经提出了一个抗争型的公共领域观和

---

[1] 哈贝马斯1954年结束在波恩的学习，1956年到社会研究所任职，在这期间，他曾是德国科学基金会（DFG）的研究员，偶尔也是一名记者，并于1955年与乌特·韦瑟尔霍夫特（Ute Wesselhoeft）结婚，育有三个孩子。

[2] Jürgen Habermas, Ludwig von Friedeburg, Christoph Oehler, Friedrich Weltz *Student und Politik. Eine soziologische Untersuchung zum politischen Bewusstsein Frankfurter Studenten*, Neuwied/Berlin, 1961.

公民参与观。因此，通过技治论政治而**去政治化**以及民主的历史思想实质这个关键问题，逐渐取代了阿多诺那里的顺从主义（conformisme）问题，成为青年哈贝马斯思想议程中的首要任务；这是哈贝马斯与批判的马克思主义最初结缘的结果，也反映了他与他的标志着与法兰克福学派较老成员之间代际差异的再教育经历之间的联系。的确，哈贝马斯认为，从1950年代末开始，第一代法兰克福学派就没有为自身提供一套必要的理论手段，以理解民主的规范性实质，因而也未能理解再教育方案的历史意义，[1]此外，这一代人未能为其事业提出一个真正的社会学和哲学理论框架，最终使得跨学科工作成为了边缘或附属品，而阿多诺和霍克海默则以格言形式和个人风格发展着他们各自的思想。[2]

因此，哈贝马斯试图重建霍克海默的黑格尔-韦伯式马克思主义方案的理论核心，在此过程中，他以公共领域和公共舆论

[1] 这种代际差异首先表现在他们对战争结束的意义的各自评估上。哈贝马斯认为，1945年是一个根本性的断裂——法西斯主义的历史性失败——而对他的前辈霍克海默、阿多诺、马尔库塞来说，占主导地位的是与战前状况的连续性：同样的官僚社会，它在经济上是集中的，并借助大众消费文化弥补裂缝。但对哈贝马斯来说，这种差异还表现为以悲观主义和审美主义的形式为标志，这些形式反映了柏拉图-德国传统的某些浪漫主义模式，因而也是那种必须打破的与现代性的暧昧关系。这种差别最后也体现在他们各自的思想资源上，对法兰克福学派第一代来说，主要是德国思想家（黑格尔、叔本华、马克思、韦伯），而在哈贝马斯那里，思想资源则显然更加多样（除了参考德国学者以外，还参考实用主义、美国社会学、日常语言哲学等等）。

[2] 马尔库塞的《爱欲与文明》在理论上显出更加雄心勃勃的态度，特别是对马克思和弗洛伊德的阅读和运用，从这个角度来看，他似乎更应该是哈贝马斯学习的榜样。

为指导，并利用了某些材料，而他是基于他对洛维特和阿佩尔的阅读，并基于从已经局部平和化的思想领域的辩友们（伽达默尔、波普尔）那里借来的观点，而开始对这些材料的理论效力及其在历史和解释学上的相关性进行概念化和辩护的。这一方案的实现是他从1950年代末到《交往行动理论》出版前的主要关注点。它构成了树干的根部，而这棵树正是从此处开始生长，并在随后开枝散叶。

B. 问题、材料和解决方案

1. 对哈贝马斯来说，必须对马克思理论所无视的那些历史面向进行细致的预备分析，而正是这种无视，既预示了马克思主义种种预测的失败，也预示了从卢卡奇到阿多诺的整个黑格尔–韦伯式马克思主义传统的悲观主义，更不用说还有列宁主义的严酷性。因此，有必要书写一部不同于马克思主义的现代性历史，它将凸显马克思主义的理论盲点。这里，我们已经可以看到，与以上所述种种发展相伴随而出现的哪些**哲学问题**，是哈贝马斯将不得不去处理的。

哈贝马斯在关于公共领域转型[1]的著作中勾画了这种另类的

---

[1] J. Habermas *Strukturwandel der Öffentlichkeit* [1962], Frankfurt/Main, Suhrkamp, 1990.（Habermas, *The Structural Transformation of the Public Sphere: An Inquiry into a Category of Bourgeois Society*, trans. Thomas Burger and Frederick Lawrence, Cambridge: Polity, 1992.）

历史，该书是在沃尔夫冈·阿本德鲁特（Wolfgang Abendroth）[1]的指导下完成的，是一项对大学生的政治观点调查的延伸。在这部作品中，哈贝马斯发展了一种民主制度的谱系学，这是通过追踪这种制度与公共领域的出现以及基于批判性讨论的相关社会性形式之间的有机联系得以实现的。民主生活取决于公民对公共商议的投入和参与程度。[2]它最初所受到的推动力来自受过教育的城市资产阶级的崛起——他们在俱乐部、咖啡馆和沙龙中讨论与艺术和经济有关的问题，从而激发了革命时期某些核心制度的改革，其中也包括议会的改革。继而，随着民主生活在十九世纪上半叶的普及，它面临着教育和纳税选举[3]的问题，随后，从十九世纪的后三分之一世纪至今，它又面临着顺从的大众文化和技术官僚国家的崛起，每一个因素都凭借其自身削弱公共领域的民主潜力，并导致了一种特有的失范现象，

---

[1] 哈贝马斯被霍克海默认为过于激进，他于1959年离开社会研究所。他那本关于公共领域结构转型的书同时也是作为其申请教授资格的论文，当时为数不多的左翼公法学家之一阿本德鲁特正是他的论文导师。对哈贝马斯来说，阿本德鲁特既体现出了一股学术勇气，又展现出一种对奥地利-马克思主义精神的延续，从而将民主与议会制度联系了起来。

[2] 哈贝马斯一方面受到瑞因哈特·科塞雷克（R. Koselleck）的启发，后者提倡将批判作为启蒙文化的本质；另一方面受到阿本德鲁特的启发，后者则提倡对宪法展开参与性理解。哈贝马斯对民主的理解也必须与杜威的参与性、实验性的政治概念联系起来看。

[3] 原文cens électoral中cens指"税额"。即根据公民纳税额来获得选举权的制度。1848年11月4日通过的《法兰西共和国宪法》规定，法国选举实施普选制，不再设纳税门槛。——译注

而其主要症状便是去政治化。[1]

阐明这些盲点的，还有一番旨在呈现马克思之传承的社会哲学史研究。[2] 在这种研究中，我们可以看到哈贝马斯在忠于他的批判意图的同时，还试图将可错论要求和解释学维度结合起来，他从社会理论出发，亦由洛维特所强调的形而上学与后形而上学之间的历史性断裂开始，以一种仍然是纲领性的方式，将波普尔和伽达默尔的立场囊括进来。[3]

由此马克思主义被显示为曾使用一种过分接近工具性行动的社会行动模式。这种观点至少可以追溯至马基雅维利，并且显示了马克思主义之所以无法解释如下现象的根源，即从十九世纪的后三分之一世纪以来，民主是如何与由技术进步所推动的再分配相结合从而加固了资本主义。这同一种模式也解释了

---

[1] 这也间接凸显了18世纪德国的落后，它比英国或法国更贫穷、更支离破碎，但也强调了1848年革命的失败，随后是在俾斯麦领导下的专制现代化，以及最后1950年代的技术官僚主义和凯恩斯主义的经济增长。

[2] J. Habermas *Theorie und Praxis. Sozialphilosophische Studien* [1963/1971], Frankfurt/Main, Suhrkamp, 1971. Cf. surtout, pp. 48–88. (*Theory and Practice*, trans. John Viertel, Cambridge: Polity, 1988, 尤其见 pp. 41–81。)

[3] 哈贝马斯采纳了波普尔可错论的认识论，它与捍卫开放社会相关，也与科学性的可信标准有关；他从伽达默尔那里（作为他已从阿佩尔那里学到的补充）收获了实践对工具性行动的不可还原性（也是亚里士多德的启发），因而在狄尔泰的意义上，通过理解的理论加工也是不可还原的。在哈贝马斯于1961年获得教授资格后，正是伽达默尔迎接他以教授身份来到海德堡，在那里，哈贝马斯一直执教到1964年。也就在那年，他回到法兰克福担任哲学和社会学教授，并在那里任职到1971年。

在马克思主义运动中所出现的以列宁主义为表现的某种严酷性倾向。马克思既没有利用维柯所探寻的小径——维柯批评了自然科学的模式在人类实践中的应用，也没有从十八世纪苏格兰的和后来康德式的公共舆论哲学中汲取教训。[1]而且，马克思对自己的工作有着一种过于实证主义的认识论理解，因为他无法赋予这种旨在寻求解放实践的理论方案一种特殊的认识论地位。

对哈贝马斯来说，要澄清实践的理解性维度，就需要建立一个或多个更丰富的社会行动模式，这些模式采纳了维柯和公共舆论哲学的观点，并能够运用特别是由阿佩尔所引入的那些新的理论工具（包括皮尔士和后期维特根斯坦）。只有以这种方式，才能够既理解资本主义的稳定化及其具体病症（去政治化、大众文化、技术统治），同时也不放弃科学的可错论标准。此外，还必须重新思考马克思主义最初的认识论特征，以便能够澄清这门预测性科学的地位，它的特征既预设了对其对象所展示的趋势的解释，也预设了对其自身可能的解放的一种有旨趣的理解。

这些可以被视作1960年代初所形成的建构方案的两条主线。

---

[1] 这条理解谱系的道路，从维柯到伽达默尔，经由洪堡、狄尔泰和海德格尔，部分由阿佩尔在 *Transformation der Philosophie I*（*op. cit.*, pp. 106-37）一书中标出。

它们分别对应于不同的出版物，但仍然构成了一个回路。[1]

2. 在对应于第一条主线的《社会科学的逻辑》[2]和《作为"意识形态"的技术与科学》[3]中，哈贝马斯收集了理论材料，并勾勒出他未来理论的总体面貌，但并没有得到令人满意的解决方案，这一方案直到1970年代早期才被得出。

在第一个文本中，它以典型的**问题化清单**[参见*I.B.3*]的形式，呈现了韦伯的理想类型理论、维特根斯坦的语言游戏理论、乔治·赫伯特·米德（George Herbert Mead）的社会行为主义理论、舒茨的社会现象学理论、帕森斯的功能主义（即"AGIL"所代表的适应[Adaptation]、目标[Goals]、整合[Integration]、潜态[Latency][4]四种功能模式和关于种种指称结构的认识论）理论，因此它们被视为在不放弃**可错论的可预测性要求**下面对**实践的全维度**的理论手段，因此也被当作避免**理论与实践**之间工具性对立的手段。这样，就以某种理论组合的形式诞生了一个

---

[1] Cf. *Zur logik der Sozialwissenschaften, op. cit.*, pp. 104–106（*On the Logic of the Social Sciences*, trans. Shierry Weber Nicholsen and Jerry A. Stark [Cambridge: Polity, 1988], p. 106, and note 33 below）.

[2] Ibid., pp. 89–329.

[3] J. Habermas *Technik und WissenschaftalsIdeologie*, Frankfurt/Main, Suhrkamp, 1968（English translation of chs 2–4 in Habermas, *Toward a Rational Society: Student Protest, Science, and Politics*, trans. Jeremy J. Shapiro, Cambridge: Polity, 1986, chs 4–6）.

[4] 此处四个英文单词据英译本补充。——译注

受历史启发的[1]功能主义方案，该方案处理交往实践及其鲜活的、批判的或解放的向度。但是，要确切说明这种交往实践在历史和社会中发挥着何种作用，还不可能。

在第二个文本中，社会理论的二元论性质（一方面是工具性和策略性的行动，另一方面是交往行动，这二者在韦伯那里有较为典型的表现）在普遍历史的标尺上被投射出来，而这两类行动则在人类的三个阶段上有各自的展开和发展，这三个阶段也是类型化的，即原始社会、传统等级制社会和现代社会。哈贝马斯以原始社会为内在出发点，假设在无所不包的神话语境下，工具性和策略性行动只得到了微弱的发展。然后，他描述了工具性和策略性行动的逐步扩展，但这种扩展仍在传统形式的规章等级制充分合法化的范围内。最终，在现代社会，正如公共领域的出现所显示的那样，工具性行动的扩展与神话的消蚀要求更高层次的交往协调。然而，这种形式的协调受到了技治的合理性和大众文化同时发展的阻碍。

我们将遇到这些材料与这种动力学纲领之间的再度结合，不过是以更令人满意和更充分的论述形式出现在哈贝马斯于1971年至1981年在施塔恩贝格研究所任职期间的跨学科研究中。但是为了实现这一综合，他首先要发展出一种令人满意的交往理论。

---

[1] 法语原文作"以历史为导向的"。——译注

在对应于第二条主线的《认识与旨趣》[1]中，哈贝马斯提出了属于他认识论方案中的历史部分，也就是按照不同的人类学旨趣来建立话语的不同类型，并区分了三种类型（工具性、解释学和批判性）的旨趣，对应于科学知识的三种类型（法则、历史和批判）。而与此相对应的是行动类型的二分法：由工具性旨趣驱动的法则科学指的是工具性或策略性行动，而解释的科学和批判的科学都指向了互动（interaction）。哈贝马斯由此表明，不同的认识哲学（philosophies de la connaissance）——从康德到西格蒙德·弗洛伊德（Sigmund Freud），再到威廉·狄尔泰（Wilhelm Dilthey）、皮尔士和恩斯特·马赫（Ernst Mach）——都在寻求这种多元的认识论，但由于其理论框架的单一性或实证主义的预设，以至于无法对这种认识论作出阐明。哈贝马斯在1970年代初放弃了这一方案，而正是在这一时期，我们将看到，主要是通过重构认识论这一途径，第一条主线吸收了第二条主线。

3. 这个在《社会科学的逻辑》一书中所设问题的解决方案，是哈贝马斯于1971年在普林斯顿举办的克里斯蒂安·高斯讲座

---

[1] J. Habermas *Erkenntnis und Interesse*, Frankfurt/Main, Suhrkamp, 1968–1973（*Knowledge and Human Interests*, trans. Jeremy J. Shapiro [Cambridge: Polity, 1987], p. 242）.

（Christian Gauss lectures）[1]中提出来的。这就是为什么它会作为文集第一卷的第一篇出现：若没有这个基础，一切都无法成立。在这些讲座中，哈贝马斯论述了在他看来在《社会科学的逻辑》中求而未得的问题解决方案，即一种言语交往理论，它使我们有可能思考生活世界的符号结构及其历时的再生产，以及社会行动者在论理的商谈（discussion argumentée）中对这个生活世界进行议题化并提供一种局部的批判性澄清的可能。

为了发展这一理论，哈贝马斯必须表明言语交往显示出一种特有的资质——它包括（塞尔的）**言语行为**、（维特根斯坦的）对规则的遵循和**理解**、（图尔敏的）论辩**资源**以及（舒茨的）**生活**维度，这是通过对乔姆斯基那个被移置到普遍语用学层面的**重构性**认识论模型的应用得以实现的，而这里的普遍语用学是能够用来描述达成同意的规则的。论理的商谈与生活世界的某一片段有关，它会按照由言语协定的规则对该片段做出一个**局域性的澄清**。这种澄清假定了商谈者会遵守可接受性的规则，若没有这些规则，协定就无法实现它的效力。换句话说，若不尊重这些规则，就意味着他们未能认真地对待所提出的为

---

[1] J. Habermas *Christian Gauss Lectures. Vorlesungeneiners prachtheorischen Grundlegung der Soziologie in Vorstudien und ErgänzungenzurTheorie des kommunikativen Handelns,* Frankfurt/Main, Suhrkamp, 1984, pp. 11–126 ('Reflections on the Linguistic Foundations of Sociology: The Christian Gauss Lectures [Princeton University, February–March, 1971]', in Habermas, *On the Pragmatics of Social Interaction*, trans. Barbara Fultner [Cambridge: Polity, 2001], pp. 1–103).

他们各自的**有效性主张**加以辩护的理由。在无法自动达成一致的情况下，日常互动中不同类型的言语行为所**隐含**的**有效性主张是**必须用理由来加以**解释和辩护**的，也就是说，必须通过讨论来重新建立协定。

与此相应的是这种真理的共识论，根据这种理论，真理是在商谈中通过一种陈述性的言语行动所提出的有效性主张。哈贝马斯尤其会依赖于达米特的有根据的可断言性理论，他把这种理论整合和一般化到所有的有效性主张及其相应的从陈述性命题开始的各种言语行为之中，从而提供一种商谈式的后形而上学版本的康德三大批判。[1]继而，哈贝马斯还得建构一整套关于人称代词的使用语法，用来说明学习过程以及那些受规则支配的、用以支持我们有效性主张的理由的运用。[2]

实际上，这种重构的认识论既把《认识与旨趣》中的方案变得复杂化，也使它变得多余。之所以复杂化，是因为言语行为的有效性主张这一层面难以与认识旨趣方案所捍卫的对象领域之构成这一更为先验的层面相调和。之所以多余，是因为重构的认识论模型似乎有足够的雄心，而不再需要额外的有关认

---

[1] 哈贝马斯并没有在高斯讲座中提到这一点，但是在1970年代后期的《交往行动理论》卷一中（Frankfurt / Main, Suhrkamp, 1981）有所论及，参见pp. 424-27（*The Theory of Communicative Action*, vol. 1, pp. 316–19）。

[2] 参见 *Theorie des kommunikativenHandelns II, op. cit.*, pp. 102–3（*The Theory of Communicative Action*, vol. 2, pp. 64–6）。

识旨趣的人类学。此外，这一多余表现也是最初作为其主要对手（奎因、库恩等）的实证主义范式之影响力趋于削弱的结果。这也是哈贝马斯对自身传统进行越来越系统的批判的时刻——在此刻的他看来，在《认识与旨趣》当中，那体现其哲学训练特征的哲学人类学色彩太浓了，而且，对那种自我反省观，那种把自我反省理解为一种民族或社会阶层尺度上的主体之活动的观点，那种把自我反省理解为一种因而被视作此宏大主体之精神分析师的理论家的活动的观点，他在那里做了太强的辩护。哈贝马斯之所以放弃这个方案，最重要的原因就是这些。[1]

4. 同时，令人瞩目的是，在哈贝马斯于1980年代初将这两个方案议题化之前，它们所采取的是同一种工作方法和理论生产方式，与之有深刻共鸣的是拒绝任何专属的哲学直觉，连同其先知蕴意，以及与德国柏拉图主义传统之间的亲缘关系。这两个方案因此不仅包含了理论材料的问题化清单，连同对同一些材料在特定时期内的解释学追踪，以及对这些材料剪裁拼接，而这种剪裁拼接的正当性，则来自一场既包含细节讨论又追求创制一总体理论的地方性争辩。

---

[1] 哈贝马斯的回溯性观点，可参见"*Nachdreißig Jahren : Bemerkungenzu Erkenntnis und Interesse*" in St. Müller-Doohm（Hg.），*Das Interesse der Vernunft*, Frankfurt/Main, Suhrkamp, 2000, pp. 12–22.

C. 由参照系、互补性假说、批判性战线构成的拼图

1.因此，二十世纪七十年代初，约在离开法兰克福前往施塔恩贝格研究所前后，哈贝马斯能够从高斯讲座中阐述的解决方案出发，扩展他在《作为"意识形态"的技术与科学》中还只是做了大致勾勒的那个参照框架，以便对公共领域的辩证法作出阐释。

在此，我将介绍影响哈贝马斯建构的这些原则，这些原则对于理解哈贝马斯的所有作品都是不可或缺的。正是在这一点上，构筑前述拼图的挑战变得尤为清晰，这个挑战就是要把各个不同论域中的要素整合为一个整体，从而使这些要素具有**元理论上的融贯性**，同时必须以**一种垂直的方式**来重构直觉和日常实践（哈贝马斯在他关于公共领域的著作中回顾了这些历史[1]）。这将让人们不仅对诸如《交往行动理论》或《在事实与规范之间》等建构性作品的结构有更好的理解，而且——尽管是更加间接地——会对哈贝马斯的道德理论与指称理论之建构性特征有更好的理解。

正如前面所简要提到的，哈贝马斯从帕森斯那里借用了参照系的认识论（épistémologie du cadre de référence），以用来思

---

[1] 法语原文作"哈贝马斯在其关于公共领域的书中是以一位历史学家的身份现身的"。——译注

考整个社会结构的类型化功能衔接（即四个AGIL功能和生活世界的三个要素：文化、建制和人格结构）及其动态过程（指向功能分化之诸个理想类型环节的三个系统化时期：原始社会，围绕国家组织起来的等级制社会，以及现代社会）。每一个参照系，都是一组类型化概念，它们必须在相互关联中保持融贯，以便有足够显著的理论参照点来把握现实。因此，哈贝马斯的首要任务是要在交往能力和这种动态的功能分化之间建立一种联系。所需要的是这样一种理论，它能够说明交往行动在这三个阶段的每一个阶段中是如何并且为什么发展和受阻的。这包含一系列的建构性任务，这些任务构成了他在1970年代学术工作的核心，尤其体现在《晚期资本主义的合法化危机》[1]《重构历史唯物主义》[2]以及《交往行动理论》这些著作中。

介绍哈贝马斯在这方面工作的最直接的方法，是从哈贝马斯所明确采纳的帕森斯式的范畴谈起。

首先需要形成一种关于交往能力（compétence communicationnelle）及其在**个体人格**层面上走向成熟的理论，以表明它是经历了一个发展过程的并有可能受到阻碍的。哈贝

[1] J. Habermas, *Legitimations probleme in Spätkapitalismus*, Frankfurt/Main, Suhrkamp, 1973.（*Legitimation Crisis*, trans. Thomas McCarthy [Cambridge: Polity, 1988].）

[2] J. Habermas, *Zur Rekonstruktion des Historischen Materialimus*, Frankfurt/Main, Suhrkamp, 1976.

马斯通过参考米德的行为主义社会心理学和劳伦斯·科尔伯格（Lawrence Kohlberg）的道德发展阶段论心理学理论迈出了这一步，根据这一理论，自我通过采纳一个逐渐抽象的普遍化他者（Autrui）的视角，以一种越来越普遍的方式来构建其动机，而这种普遍性的上升则可以被我们视作一个分阶段的学习过程。[1]

其次，哈贝马斯还得表明在**建制层面**上的进步或倒退，是如何可以被看做是以那些散布在社会相关领域的、被看作是与**文化**及其变迁相联结的论辩实践为中介而发生的。为了说明这一点，他通过把学习心理学作为历史尺度上的启发式指南，来表明建制（根据经典的涂尔干式进路）如何可以从普遍性程度或抽象性程度之高低的角度来加以考察，在这一过程中，集体学习过程是以促进学习的那些**偶因**（causes occasionnelles）为前提的。这样一来，对那些扩展或阻碍商议性参与的机制，我们可以把它们放到社会尺度上去认识，也可以在动力学的层面上，把它们放到进化的和历史的尺度上去认识。

此外，哈贝马斯还要表明，**文化**如何在进化的动力学中按阶段必然衍变为科学文化、审美文化、价值论文化和规范文化，而与此相反，这些不同因素在原始社会无所不包的神话之中则是融合在一起的。这种动力学最终会迫使语言的互动至少是部

---

[1] 该指导方针为米德和科尔伯格之间的理论交集。

分地遵循这种分化。

最后，哈贝马斯还得把这种动力学和**功能分化**联系起来，以表明AGIL**功能**（适应：经济；目标：政治；整合：社会；维持：文化）在每个类型化阶段（"原始"社会阶段；等级制社会阶段；现代社会阶段）的**功能分化**过程中，**个人交往能力、建制**和**文化**都体现了某一个学习层次。尤其是交往能力和建制——如我们刚刚所看到的——必须表现出一定程度的抽象性，而文化必须表现出一定的分化程度（特别是在表达-评价的成分，科学描述的成分，以及规范的成分之间）。因此，我们可以理解交往行动在进化动力学中的核心地位，因为它实现了文化传播、行动协调和社会化这三种功能，而这些功能是工具性行动和策略性行动所无法实现的。

这样，通过对我们的行动和思考之理由（raisons d'agir et de penser）的审议性澄清，哈贝马斯就可以对现代社会中的分化和合理化作出说明。

另一方面，与帕森斯的功能主义，以及尤其是这种功能主义在卢曼那里的那种带夸张色彩的客观主义版本相反，哈贝马斯也必须表明，在进化的动力学中，专门提一下有效性主张（也就是通过恰恰是社会行为主义、学习理论和形式语用学使我们能够将其概念化的意识、批判和语言）是有必要的；而相较于功能分化，人格、社会、文化这些生活世界组成要素的调整，因此就绝不是自动发生的。但卢曼恰恰认为，这种调整是自动发生的，因为这一方面会给方法论客观主义提供辩护，另一方面也会给对社会问题的技治论的、专断的保守处理[1]提供辩护。这就是为什么与有效性主张相连的有关学习的理论和有关偶因的理论，不会完全使得哈贝马斯的时论（écrits du publicisté）变得无关紧要，因为他在这些写作当中设法鼓励历史学习，强调某些特定的政策或事件所蕴含的倒退的可能。上述理论一旦确立以后，哈贝马斯在《政治短论集》(Kleine politische Schriften)中所要应对的就是这一挑战。因此，哈贝马斯在他的主要理论著作和他作为政论家的介入之间，很早就有了理论工作和批判工作的分工，而从二十世纪八十年代起，他的介入明显增多。从这个角度来看，哈贝马斯的工作展现了一种完全的背景理论统一性。

因此，在交往过程中，不同的有效性主张最初在同时包含认知的、规范的和表达的神话传播中实际上是混杂在一起的，在进化的动力学过程中经历了局部的分化过程，这是社会功能（AGIL）的功能分化和生活世界的维度（文化、社会、人格）相应的进化所必然导致的。不同的有效性主张倾向于体现现代性的那些互补却不同的维度：对认知有效性的主张体现在建制化的科学中，对规范正确性的主张体现在道德和法律中，对表达

---

[1]　这是《社会理论还是社会技术学》(*Theorie der Gesellschaft oder Sozialtechnologie* [Zus. Mit Niklas Luhmann], Frankfurt/Main, Suhrkamp, 1971) 以及《合法化危机》(*Spätkapitalismus/Legitimation Crisis, op. cit.*) 中的关键问题。

真实性的主张体现在艺术中。

因此，社会整合的三种类型被区分开来，它们分别是：整体功能性整合（AGIL），它作为一个分化过程，会随着社会进化而变得越来越困难；系统性整合，它是以经济和官僚行政权力（A和G）中货币和权力媒介的发展为前提的；社会性整合，它是借助于建制（I）中的话语和团结，也是通过文化资源（L）来实现的。在分化的现代社会中，会存在两类媒介（货币[或市场]/权力[或科层制]）内部的竞争，以及系统性整合和社会性整合之间的竞争，正如我们接下来将会看到的，不同的政治选项就是在这样的背景中凸显出来的。

2. 以这个**完全类型化、系统化**的参照系为出发点，哈贝马斯可以把所有**必要的互补假说加到**他的社会学和批判工作当中去，正如他对普遍语用学的重构方法和他后来对法律研究所做的那样，下面我们在谈到第一篇和第四篇导言中将会看到这一点[参见*II.A.3*，特别是*II.D.2*]。但即使在最初的层面上，公共领域的辩证法似乎就**已经**呈现出矛盾的结果，一方面，现代或后俗成的、功能分化的社会对于论辩协调的需求在增加；另一方面，这种社会，市场和技治国家（它试图补偿和矫正对这同一市场力量的影响）的合力则会造成这种论辩协调的短路，而因为这同一种功能分化极大地扩大了这两种权力，它表现为对社会问题采取科层制处理的形式，或对社会互动关系采取纯粹货币的中介形式，再或是传播人为的、被动的认同模式的大众文化形式。所有这三种功能分化的形式都阻碍了商议协调，并导致后俗成的人格结构在社会规模上的倒退，再或，由于停留在俗成水平上，从而阻碍其在人格结构层次上的学习过程。但是，为了解释更多局部或特殊的情形，哈贝马斯还是能够以**一种纲领性的方式**再**增加**一整套的互补性假说。

3. 因此，从1970年代早期开始[1]，到1980年代初达到顶峰，哈贝马斯借助于《交往行动理论》中的重大综合，提供了一幅有组织现代性（modernité organisée）之辩证法的有机图景。在他看来，现代性一方面是由对包容和商议的民主渴求（这与等级制的和传统的社会之俗成阶段文化的崩溃联系在一起）所推动的，因此与人格、建制和文化所要求的后俗成学习层次相对应；另一方面，现代性是由对俗成阶段文化的（保守）形式以及阻碍这种商议合作发展的货币与权力体系（专家治国、大众文化）的批判所驱动的。这种渴求尤其表现在（由学生、妇女、环保主义者所参与的）社会运动中，它们代表的是抵制大众文化和专家治国或经济垄断的一些趋势。这幅图景所针对的论战目标是新保守主义——特别是美国的，但不久也包括欧洲

---

[1]　*Spätkapitalismus, op. cit.*

的；作为对福利国家、社会运动（学生运动、民权运动和"性少数"群体的运动）以及1970年代滞胀的三重反应，新保守主义主张福利国家的规制机制必须代之以市场为基础的运作机制。自1970年代中期以来，"实证主义"的弱化（如我们已看到的那样），与"福利国家之危机"，使批判的焦点转向了新保守主义。但这种批判同时也必须针对第一代法兰克福学派的悲观主义立场；在哈贝马斯看来，这一立场与德国浪漫主义和观念论[1]对现代性的暧昧态度有过于紧密的联系。

这样，哈贝马斯能够用一个完整的研究**纲领**来总结他的工作，拜这种新理论的去先验化和主体间性主义的参照系所赐，他用这个研究纲领更新了第一代法兰克福学派所做的那些诊断。

4. 具有某种悖论意味的是，这一切却为哈贝马斯在第一个时期的工作，也就是对从卢卡奇到第一代批判理论的德国马克思主义中的黑格尔-韦伯式传统的复兴或重塑，画上了句号。1980年代早期，哈贝马斯辞去了曾为他提供发展其跨学科和批判视角的理想环境的马克斯-普朗克研究所的所长职务，回到法兰克福担任哲学和社会学教授这个比较传统的岗位，直到1994年荣休，这样，哈贝马斯就留下了一个后来只能**局部地推进**的庞大且雄心勃勃的批判性建构方案。

---

[1]　此处idéalisme译作"观念论"，以前多译作"唯心主义"。——译注

哈贝马斯开始追求新的思想议程，这些议程将导致他在新的方向上发展他的理论，与一些不再把马克思主义的批判文化作为中心议题的新辩友打交道，而正是在这个阶段，美国的知识场域获得了前所未有的支配地位。

D. 澄清、展开和调整

1. 收录在五卷本文集中的文本，以及在本书中所收录的五篇导论中所讨论的文本，大部分是哈贝马斯从二十世纪八十年代初至今撰写的。

这一时期以三声部乐章为标志：首先，哈贝马斯对交往行动理论的基础进行了回溯性的哲学式**澄清**，特别是对于包含构成性转向（解释学转向、语用学转向、语言学转向）的后形而上学思维的议题化[1][参见下文 *II.A.1*，特别是 *II.E.1* 和 *2*]，以及哲学与宗教之可能关系的议题化[参见 *II.E.3*][2]；其次，他**发展**出

---

[1] J. Habermas, *Der Philosophische Diskurs der Moderne*, Suhrkamp, 1985（*The Philosophical Discourse of Modernity*, trans. Frederick Lawrence [Cambridge: Polity, 1987]）；*Nachmetaphysisches Denken*, Suhrkamp, 1988（*Postmetaphysical Thinking: Philosophical Essays*, trans. William Mark Hohengarten [Cambridge: Polity, 1992]）；*Kommunikatives Handeln und detranszendalisierte Vernunft*, Reclam, 2001（'Communicative Action and the Detranscendentalized "Use of Reason"', in Habermas, *Between Naturalism and Religion: Philosophical Essays*, trans. Ciaran Cronin [Cambridge: Polity, 2008], pp. 24–76）.

[2] J. Habermas, *NachmetaphysischesDenken, II*, Suhrkamp, 2012.（Habermas, *Postmetaphysical Thinking II: Essays and Replies*, trans. Ciaran Cronin [Cambridge: Polity, 2017].）

一种道德理论和法律理论，从而对交往理论作出进一步阐释［参见 *II.C* 和 *II.D*］[1]；最后，他对理论的一些基本假设进行了自我批判式的重新审视，特别是他的法律理论和真理与辩护之关系的理论[2]［参见 *II.D* 和 *II.B.3*］。除了纯粹的理论著作之外，哈贝马斯还撰写了大量与德国（历史学家之间的争论、德国在欧洲建设中的地位等）和国际时事（欧洲的建设[3]、美国的外交政策）有关的政治著作[4]，还有他对当代社会潜在的深刻变革（民族国家的命运[5]、优生学[6]、神经唯物主义[7]）［参见 *II.E.2*］以及对宗教地

[1] J. Habermas, *Moralbewusstsein und kommunikatives Handeln*, op. cit.（*Moral Consciousness and Communicative Action*）；*Erläuterungzur Diskursethik*, Suhrkamp, 1991（*Justification and Application: Remarks on Discourse Ethics*, trans. Ciaran Cronin [Cambridge: Polity, 1990]）；*Faktizität und Geltung*；Suhrkamp, 1992.（*Between Facts and Norms*, trans. William Rehg [Cambridge: Polity, 1996].）

[2] J. Habermas, *Wahrheit und Rechtfertigung*, Suhrkamp, 1999.（*Truth and Justification*, trans. Barbara Fultner [Cambridge: Polity, 2003].）

[3] 英文本译作"欧盟的建设"。——译注

[4] J. Habermas, *Kleine politische Schriften V–XIII*, Frankfurt/Main, Suhrkamp, 1985–2013.

[5] J. Habermas, *Die postnationale Konstellation*, Frankfurt/Main, Suhrkamp, 1998.（*The Postnational Constellation*, ed. and trans. Max Pensky [Cambridge: Polity, 2001].）

[6] J.Habermas, *Die Zukunft der menschlichen Natur*, Frankfurt/Main, Suhrkamp, 2001.（*The Future of Human Nature*, trans. Hannah Beister, Max Pensky and William Rehg [Cambridge: Polity, 2003].）

[7] J. Habermas, *Zwischen Naturalismus und Religion*, Frankfurt/Main, Suhrkamp, 2005.（*Between Naturalism and Religion,* trans. Ciaran Cronin [Cambridge: Polity, 2008].）

位的关注[1][参见 *II.E.3*]并作出回应的中间著作，后来这些作品都关系到学习和偶因之间的历史关系，从而构成了时政观察和时政介入这个哈贝马斯的特殊领域。

在上述工作中，哈贝马斯面对了其他的议程，它们是在他的第一阶段占主导地位的亦即根据交往行动理论来重构批判理论的黑格尔-韦伯式的马克思主义之外的那些议程。

在1980年代，有两个主导哈贝马斯写作的议程，一个是有关现代主义/后现代主义的争辩——它在大西洋两岸引发了极为不同的反响；另一个则是在道德以及法律理论方面对约翰·罗尔斯（John Rawls）的多次回应。紧接着后现代主义争辩之后，尤其是与理查德·罗蒂（Richard Rorty）相联系的新形式的怀疑主义问题，使得哈贝马斯在1990年代中期重审了他的指称理论。作为对罗尔斯的接受的结果，也作为更多地参与了地方性或政治性论辩的结果（内容涉及宪政爱国主义、欧洲宪法和对美国外交政策的批评），哈贝马斯的道德理论和法律理论也使得他去捍卫一种有关学习和商谈式程序主义的多维政治，正如我们在1990年代和2000年代能够看到的那样。

---

[1] J. Habermas, *Glauben und Wissen*, Frankfurt/Main, Suhrkamp, 2001（'Faith and Knowledge', in *The Future of Human Nature*, pp. 101–15）；*Zwischen Naturalismus und Religion, op. cit.* ；以及 *Nachmetaphysisches Denken, II*, Frankfurt/Main, Suhrkamp, 2012（but also *Postmetaphysical Thinking II*, trans. Ciaran Cronin [Cambridge: Polity, 2017]）。

2. 然而，由于澄清、展开和调整这三个乐章是在一定程度上掩盖了黑格尔和马克思主义遗产的新议程语境下进行的，因此，评论者们常常假定这些乐章代表了哈贝马斯思想中的重新定位（具体来说，是朝着一种康德式的规范性的方向）。但实际上，这些发展主要是他自己参照系的**局部主题化**的结果，以及把康德作为欧洲思想史上这些学术论辩参照点的结果[1]，而其思想要旨在本质上依然如故，同时也保留了其批判潜能。[2]这就是为什么比起他的整个工作和理论本身来，这五卷文集中所选择的文本和哈贝马斯的导言更具有学术性，而比较少具有跨学科性和批判性的原因。对哈贝马斯来说，这种学术色彩是一个理论发展周期的完成，一次学术转变[3]后的综合结果，尤其正如我们刚才所说的，这也是他在此后由美国知识场域主导的全球思想语境下澄清、展开和调整其理论新议程的结果。

3. 现在应该显而易见的是，哈贝马斯理论的有机发展，或更广泛地说，其工作之有巨大活力的建构方案是如何被划分为

---

[1] 对康德的参考既有来自德国的原因（参考 *I.A.1* 中的长脚注），也有来自美国的原因。一方面由于罗尔斯将其立场描述为康德建构主义的一种形式，另一方面是社群主义者尤其借助了亚里士多德和黑格尔的相反观点来表达他们的反对意见。此外，希拉里·普特南（Hilary Putnam）还以他的康德式实用主义来反对罗蒂的怀疑式实用主义。

[2] 关于实在论的调整、伦理学和法学的不同看法，参见下文。

[3] 英文本译作"回到他的学术岗位"。——译注

几个阶段来观察的。

最初的阶段可以追溯至1950年代末到1960年代，在这个阶段，需要解决的问题已经成形，随后是一个建设性的阶段，从高斯讲座开始（基于我们已经看到的原因），这个阶段的建设速度明显加快；继而，在完成了更新批判理论的理论核心和批判方案的使命之后，是一个理论在不同方向上（关于一般意义上的理性、道德哲学，再是法哲学和意义理论）的澄清阶段，这些与社会学理论关系并不大，而更偏向于一种规范性的政治理论。

如果我们以树的有机隐喻来系统阐述哈贝马斯的方案：树根（去先验化与三个转向）从一开始就存在，但在1980年代才具体起来；树干（社会建构）在1960年代得到部分阐述，特别体现在1971年至1981年期间；然后是树枝（理性、道德、法律）从1980年代开始发展。那些更接近于简单澄清的发展，可以说是那些与科学或宗教有关的最小分支，它们是在1990年代和2000年代生长出来的。与哈贝马斯整个工作发展的全过程相伴随的政治著述，作为这一隐喻中的叶子部分，从1980年代开始也变得尤为茂盛。

4. 1980年代初这一小段时间对哈贝马斯理论工作所采取的形式，也产生了影响。在其工作的第一个阶段，他显然受到了这样一些理论**整合**的引导，这些理论**整合**使得不同的有效性主张在他的交往理论中具有了**强对称**形式；到了第二个阶段，在相当程度上受到具有一定自主性之论辩的影响，哈贝马斯重新审视了其中的一些对称作用。这一点，当我们在考察他对真理和辩护之间的区分、对有效性主张中真理和正当之间的区分时，可以看得尤为清楚。

这里会有四个基本的调整：首先，在关于真理和辩护之关系的理论中，真理不再被还原为有效性主张的可断言性[参见 *II.B.3*]；其次，关于合理性，需要澄清交往合理性、工具合理性和认知合理性之间的关系[参见 *II.B.3*]；然后，就商谈原则而言，必须对它在道德与法律中的作用加以区分[1][参见 *II.C.2*]；最后，就法律而言，重要的不是它与权力媒介的关系，而是凸显出法律对于现代性在功能和规范上的核心意义[参见 *II.D*]。

在介绍每篇导言和更多具有技术性的理论展开时，我将直接讨论这些调整。

II 对哈贝马斯导言的概述

研究版的五卷文集旨在以一种回顾的方式汇总哈贝马斯对不同哲学领域所做的贡献。这些文本合起来像是一部未成文著

---

[1] 这里参照英译本中"differentiated"一词译作"区分"，但法语中此处为"偏斜"（déclinaison），指的是，在商谈原则中，向道德和法律中任一方的偏斜都是可能的。——译注

作，其系统性按未成文著作的标准来说，可谓是无以复加的了。在后文中，我将从刚才提到的社会理论的起源和结构出发，来阐明他对哲学的这些贡献，我所阐述的顺序也是哈贝马斯为他的各卷文集撰写导言的顺序。

预告一下，借用树的有机形象，并沿着我们刚才所说的线索：第一篇和第五篇导言既讨论了社会理论这个树干，又讨论了去先验化这个树根，正如我们刚才所看到的那样，这两者形成了一个闭环[1]；第二篇、第三篇和第四篇导言讨论了理性理论、伦理学和法律理论的主要分支；第五篇导言的第二部分讨论了现代理性分别与科学和宗教之关系的两个次生支。因此，通过这五个文本，我们可以探见哈贝马斯哲学之树的有机发展，并要牢记住一点：正如我们在开头提及的以及我们在第一部分所显示的那样，若要准确理解哈贝马斯的全部思想工作，它就不能被还原为这种仅具有哲学意义的贡献。

这样，我们将按照导言本身的顺序，来讨论这些文本是如何运用核心哲学概念和主题的。[2]

---

[1] 因此，哈贝马斯的工作是从社会理论开始，并且后形而上学哲学也不具有基本的话语特权，这个事实也将使我们对树根与树干的形象保持警惕，因为它在某种程度上还是过于笛卡儿式了，而且是以教育为使命的。正如社会学概念的选择需要附加的哲学论证一样，它在分化的动态过程中揭示了哲学自身的文化轨迹。而树的这一形象主要是为了抓住哈贝马斯作品中的动态维度。

[2] 与德文版的五卷本不同，本书并没有把哈贝马斯所提到的文本放进来，因此我们一方面会遵循哈贝马斯的论述顺序，另一方面，我们同时还会参考哈贝马斯提到的文本中的内容，并比他在导言中论述得更加详尽。

A. 有效性主张、重构和现代性

哈贝马斯所面临的核心问题，首先是要表明社会理论必须建立在受规则支配的语言互动和重构性认识论之上。因此，其理论的核心概念贯穿于有关理性、道德和法律的所有哲学发展，这些发展在这里是在社会理论层面上得到辩护的。[1]

为此，首先有必要说明这种交往行动理论的模式相对于其他形式的社会行动的比较优势，继而说明它与个人社会能力理论以及和社会之间的侧面联系，从而突出对它产生影响的重构性认识论之原创性。说到底，就是要对交往行动理论的模式对于我们的"现代性"观的影响作出澄清，而这是哈贝马斯在哲学和社会学上的核心关切点。我将按照他在第一篇导言中的顺序，依次讨论这些方面。[2]

1. 哈贝马斯在本文集中回顾了**高斯讲座**在提供对这两个**问**

---

[1] 正如我们在上文和 *II.E.* 部分当中所看到的那样，这一辩护必须通过与去先验化的观点相联系的方式来自我补充。但就稍后讨论的法律理论而言，理论建构过程本身所固有的理由仍是缺失的，而只能通过《交往行动理论》来补充，同时通过对两套社会学经典著作的重读，并分阶段将必须补充的内容与之编织在一起。

[2] 那么，我们的第 1 点对应于哈贝马斯文本的开头和第（1）节；第 2 点对应于第（2）至（4）节；第 3 点对应于第（5）节和第（6）节，以及第 4 点对应于第（7）节。这些分组可见于文中，也可以在德文版五卷本的目录中读到。

题的**解决方案方面**所具有的重要意义[1]:"理解"（compréhension）之"说明"（l'explanation）的问题，以及"理论与实践"的问题。如前所述，这两个问题是从《社会科学的逻辑》开始变得明确，并打上了反实证主义立场印记的。社会行动的符号维度必须在解释学的意义上得到"理解"，但是，为了不忽视科学性的要求（或者可预测性和可错论的层面或"说明"的层面），就有必要把这种符号维度所形成的规则专门作为一个问题来讨论。而且，做理论研究的人并非在处理一个以外部的、工具性的或技术性的方式把理论应用于其上的中立对象，而是把他或她有助于去改造的一种实践方式加以理论化。[2]

我们在上文已经讨论过对于解决方案的建构：借由作为交往媒介的言语行为（acte de langage），说话者和听话者不仅要在彼此之间建立一种适当的交往关系，**而且**要与说话者所谈论的东西（一个事实、一种事态）建立起关联。**交往能力**（compétence communicationnelle）被认为是掌握这样一套规则体系的能力，这套体系使我们能够在与他人和世界的双重规范关系的意义上产生合规的（bien formés）言语行为。由此，哈贝

---

[1]   Habermas, 'Reflections on the Linguistic Foundations of Sociology'.

[2]   Habermas, 'Reflections on the Linguistic Foundations of Sociology', pp. 10–11 and *passim.* 通常对于哈贝马斯来说，我们在这里提出了一个非常令人印象深刻的问题化清单，它表明只有被提出的解决方案才能够整合所有必要的理论优势。参见上文 *I.A.3* 中关于理论建构方式的评述。

马斯得以构想出一个贯穿了不同语言活动的交往规则体系，从而塑造一种言语行为（actes de paroles）[1]的言外作用力（forces illocutoires）。言语行为是旨在就某一事态达成一致的说话者向听话者提出的**有效性主张**的承担者；在言语行为中，若一致意见不能自动形成，这些主张是可能明确提出，并可以做出辩护的。

2.接下来，哈贝马斯要表明普遍语用学与该理论其余部分之间的有机联系，为此他从最一般的考量着手，进展到批判性和建设性的考量。他首先讨论了交往行动相较于其他主要行动模式（即策略行动；规范支配行动；戏剧行动）的理论优势：交往行动**包含了**这些与之竞争理论**所描述的每一个方面**，正是因为人类的言语交往包含了不同的（认识论的；规范的；表达的）有效性主张，并且从功能性角度来看，它必须使生活世界能够与时再造。

哈贝马斯由此阐明了普遍语用学与生活世界和一般社会秩序之间的关系，并为我们提供了一个面向历史和批判帕森斯功能主义的普遍语用学版本，这是他在《社会科学的逻辑》中就曾强调过的解决方案，后来又在高斯讲座中得到了

[1] 文中的acte de langage和acte de parole 时常混用，都表示"言语行为"。——译注

发展。[1]事实上，自我（Ego）和他人（Alter）的社会协调往往在两个极端之间变化。在一个极端，是要将言语交往的即时协调化约到最小化，形成一个近乎自发的最大限度共识，这是由于文化资源、建制合法性和人格结构——它们作为**生活世界**要素——彼此之间是共享的。在另一个极端，问题化的协调是以对于文化要素或合法性要素的言语澄清和讨论为前提的，这些规范的澄清和讨论往往会促进学习的过程。如我们上文所见，这就是为什么在这两种极端形式之间，我们必须要记得哈贝马斯在1970年代提出的学习理论，记得它与功能分化的社会历史动态过程之间的联系。但正如哈贝马斯在本书导言[2]的最后所指出的，我们也必须记住哈贝马斯的目标是对第一代法兰克福学派的那些批判主题做理论重塑，这要归功于帕森斯的理论，即权力和货币是分化社会的必要功能中介，后者造成商议协调的短路，并导致了生活世界的殖民化。

最后，如前所见，哈贝马斯强调了米德的社会行为主义在理论建构中的重要性。实际上，米德的社会行为主义使得哈贝马斯能够表明，在什么意义上，心理的个体化是以符号为中

---

[1] Habermas, 'Actions, Speech Acts, Linguistically Mediated Interactions, and the Lifeworld', in Habermas, *On the Pragmatics of Communication*, ed. and trans. Maeve Cooke (Cambridge: Polity, 2000), pp. 215–55.

[2] 从上下文看，这里的"本书导言"（the introduction to this text）指的是哈贝马斯为 *Philosophische Texte: Studienausgabe in fünf Bänden* 的第1卷写的导言，亦即本书第一章。——译注

介的交往过程的内在化结果。[1]而且最重要的是，它是可以与让·皮亚杰（Jean Piaget）和科尔伯格的发展心理学方案相结合，或使之兼容或趋同的，基于上述原因，它成为了哈贝马斯整个理论建构过程中的一个必要参照系。

3. 一旦交往行动理论的基本主张得到表述和辩护，哈贝马斯就可以捍卫重构性认识论（l'épistémologie recontructive）的原创性和理论效力。这就是以下两篇文章的目标，第一篇文章的辩护是间接的，第二篇文章的辩护是直接的。[2]第一篇文章事实上与那些批判主题建立了关联，但这次它是以对韦伯的讨论作为其出发点。事实上，韦伯是第一个思考现代性辩证法的现代社会学家，这种辩证法始于合理化（rationalisation）和终成为一种"铁笼"的工具合理性之扩张——从卢卡奇到马尔库塞（中间经由霍克海默和阿多诺），这是韦伯式马克思主义的核心主题。正如我们所看到的，哈贝马斯不仅从功能主义的角度重新阐述了这一理论路线，同时也借助于工具合理性和交往合理性

---

[1] Habermas, 'Individuation through Socialization', in Habermas, *Postmetaphysical Thinking*, trans. William Mark Hohengarten（Cambridge: Polity, 1992）, pp. 149–204.

[2] Habermas, 'Aspects of the Rationality of Action', in Theodor F. Geraets（ed.）, *Rationality Today*（Ottawa: University of Ottawa Press, 1979）, pp. 185–204; Habermas, 'Reconstruction and Interpretation in the Social Sciences', in *Moral Consciousness and Communicative Action*, pp. 21–42.

这一对概念，这对概念使得他能够通过阐明工具合理化和交往合理化之间的差异和互补，来纠正第一代批判理论家的悲观主义。第二篇文章通过与理解性模式相比较，强调了重构性模式的创新性，因此也强调了这一模式如何对在前一篇文章中韦伯所提出的批判性挑战作出在认识论上有创见的回应。正如我们所看到的，被移置到言语交往规则的乔姆斯基的生成理论，使得有可能在认识论层面上既保留把握社会行动之符号维度所必需的理解层面（如在伽达默尔那里），也保留可错论的层面（如在与伽达默尔的观点相反的波普尔那里），因为社会行动者必须遵守的规则是理论家能够重构的。但是重构的主题，则也必须与理性的去先验化相关联；这种理性此时在哈贝马斯看来是**体现**在日常实践之中的，并因此而成为一种**说明**或**重构**的对象，而不是严格意义上的理论的对象。合理性（rationalité）存在于现实之中，而且是以一种实质性的、多样的方式存在的。[1]

4. 总之，哈贝马斯阐明了交往行动理论所刻画的现代社会

---

[1] 在这方面，必须牢记上述已经提及的三点。首先，重构的前提需要大量的理论解惑工作，这种工作在垂直方向上与必须考虑的日常直觉相关联。其次，这种重构工作预设了某种理论生产**秩序**，它将批判所基于的假设放在**第二位**，就像在乔姆斯基那里，他认为需要**额外的**假说来解释那些偏离标准表现的方案。最后，这种重构性认识论和这种秩序也表达了这样的意愿，即通过实际存在的强规范性核心，来重新平衡第一代法兰克福学派过于片面和悲观的合理性和现代性理论。这三个因素必须结合起来理解，以便把握住与该学派第一代的韦伯式马克思主义的连续性和断裂性。

的总体面向。[1]在这里，对理性辩证法的诊断——由康德开创，继而由黑格尔带入历史，由马克思和韦伯、以及由最后的阿多诺和霍克海默来加以修订——取得了某种程度的完成。但这种完成恰恰是由工具性行动和交往行动这一对概念所矫正，根据我们在上一节中提到的图景，这种矫正使得哈贝马斯发展出一种作为辩证分化和合理化的现代性概念。如此一来，他能够把握现代性之规范性核心这种分化向度，同时对现代性的病态提供一个比西方马克思主义（从卢卡奇到阿多诺）、海德格尔或后现代主义对现代性的解释中过度同质化的批评更加平衡的说明。

这样，哈贝马斯为我们提供了一种理论，它能够对公共领域结构转型研究的历史材料加以阐释，同时在这一背景下，修正了自德国浪漫主义和德国观念论以来大部分德国思想与民主现代性之间的矛盾关系。

B. 合理性、真理和辩护

正如我们已经看到的那样，哈贝马斯在放弃了《认识与旨趣》中的知识理论之后，最初是从行动协调和理性商谈——这是他在公共领域辩证法的影响下重构历史唯物主义中的核心议题——的角度来处理语言、合理性和知识问题的。

---

[1] Habermas, 'Conceptions of Modernity: A Look Back at Two Traditions', in *The Postnational Constellation*, pp. 130–56.

因此，这里所涉及的是一种**内部的澄清**，这种澄清同样面对着1970年代理论建构方案的回溯性**调整**。哈贝马斯重新审视了真理主张，并基于对真理符合论之批评，修正了他在1970年代早期初具轮廓的意义理论。尤其是，他讨论了自己在罗蒂的语境主义（contextualisme）影响下对真理共识论的重新调整；尽管他起初认为，他在1980年代所捍卫的理性主义立场，在与后现代主义的论辩时是**够用的**。[1] 于是，哈贝马斯遭遇了自奎因以来语言分析哲学所面对的核心层面的实在论问题，并在一定程度上朝着实在论方向部分修正了自己的合理性理论。这种修正也间接地指向了他的那种理论建构的模式，也就是他在上文中讨论过的通过寻找趋同点和重叠面来进行理论建构的模式，这种建构模式最初启发了认为不同有效性主张之间有某种对称性的观点。

因此，哈贝马斯分四阶段来介绍这些材料。首先，他从历史的角度讨论了他将自身置于其中的语言学转向。然后，在第二阶段和第三阶段，他阐释了他的合理性理论，在这种阐释过程当中，他把形式语用学和真理论作为中心，在这两种情况下，他整合了基于实在论的调整及其蕴含。最后，也作为结论，他

---

[1] 参见哈贝马斯的《现代性的哲学话语》。就这场充满了极其不同的民族共鸣的论辩而言，对哈贝马斯来说重要的是，我们要记得这些形式的相对主义和语境主义自赫尔德以来是与康德式的理性主义和普遍主义针锋相对的。因此，第一篇导言的最后一部分就与理性问题建立了联系。

讨论了实在论在语言学转向后在知识论中的命运。我将依次讨论这些方面。[1]

1. 哈贝马斯的首要任务是将他的意义理论和形式语用学理论置于语言哲学的历史和他自己的理论发展进程之中。理性逐渐呈现为是置于历史情境之中的，是与语言和行动相关联的。因此，哈贝马斯必须通过罗列出在此段历史中标志着这一**去先验化**过程的不同人物，来说明其交往理论是如何与之相适应和调整的。

正如我们在上文所看到的，是阿佩尔最早引起哈贝马斯去注意，伽达默尔所主张的、从洪堡到海德格尔的那个传统，与分析的传统之间，是有趋同性的，后者从戈特洛布·弗雷格（Gottlob Frege）到后期维特根斯坦也经历了通往理解[2]的漫长旅程。但是即使这两个传统通过将语言分别嵌入于历史和社会中而部分地实现了去先验化，但它们仍然会遭到这样的批评，即它们依然保持着一种不受因与自然世界和人类世界相遭遇而产生的各种形式的**学习**影响的**过度先验化**的理解观。因此，理解

---

[1] 按照相同的原则，这里的第1点对应于哈贝马斯文本的开头和其中的第（1）节和第（2）节；第2点对应于第（3）节和第（4）节；第3点对应于第（5）节和第（6）节；第4点对应于第（7）节。

[2] 阿佩尔阐述这两个传统之间关系的著作是 *Die Erklären-Verstehen-Kontroverse in Transzendental-Pragmatischer Sicht*, Suhrkamp Verlag, Frankfurt am Main, 1979; 英译本：*Understanding and Explanation: A Transcendental-Pragmatic Perspective*, translated by George Warnke, The MIT Press, Cambridge/Massachusetts and London/England, 1984。——译注

的理论和意义的理论必须被放置于一种对于沟通和商谈中的语言交往功能的**更广泛**理解中去，在这种理解当中，合理的可接受性具有一种使得**修正**我们与世界之间的语言关系成为必要的**规范性**维度。[1]

这就是为什么哈贝马斯必须要发展出一种足够**完整**的意义理论的原因。[2] 如同上文所说的交往行动理论和与之竞争的其他行动理论之间的关系一样，这里所涉及的问题也就是要证明与其他意义理论相比（具体地说，也是与过度片面的意义理论相比）形式语用学所具有的整合能力。因此，哈贝马斯提及了三种这样的意义理论：聚焦于说话者意图的意向主义语义学；以命题的真值为对象的形式语义学；以及聚焦于互动语境中意义之用法的语义学。然而，不同有效性主张指向的是语言在交往中的不同功能，因而也指向的是以下三个方面的**关联统一性**：就某事向某人说某事。[3] 我们之所以能够把握言语行为的规范性

---

[1] Habermas, 'Hermeneutic and Analytic Philosophy: Two Complementary Versions of the Linguistic Turn', in *Truth and Justification*, pp. 51–82.

[2] Habermas, 'Toward a Critique of the Theory of Meaning', in Habermas, *Postmetaphysical Thinking*, trans. William Mark Hohengarten（Cambridge: Polity, 1992），pp. 57–87. 这里提到的文章早于实在论转向，代表了哈贝马斯对语境主义和后现代主义最早的回应形式，他最初认为这些回应已经很充分了。

[3] 卡尔·布勒（K. Bühler）的理论区分了表达、表征和请求这三种功能，它为哈贝马斯对这三种语义功能的统一性和片面性批判提供了背景佐证。并且如上所述，哈贝马斯将达米特的有根据的可断言性理论概括为不同的有效性主张，从而把握其规范性。

意义，其根据就在这里。在这里我们又可以看到，哈贝马斯理论的哲学优势之一仍是它的整合性。

2.接下来，有必要说明哈贝马斯是如何将他在1990年代所进行的实在论的调整整合到这个去先验化运动中的，而这个运动还是为理性的规范性留下了一个重要的位置。

为了充分把握这些发展的意义，我们有必要回过头来更加直接地讨论哈贝马斯所提及的那些文章的内容。[1]

自从复兴了黑格尔有关劳动与互动之间对立的主题以后，哈贝马斯对比了两种类型的行动（一种是成效导向的工具性和策略性行动，另一种是共识导向的交往行动），从而也对比了同一层面上的两种合理性形式，这种对比可以说在他的进化理论当中起到了导引作用。

既然不可能存在任何将合理性作为一个整体还原为论辩合理性的问题，这里的指导原则就首先是回到交往合理性相对于一般合理性的地位问题上。[2]哈贝马斯因此区分了三个不同而又相互交织的合理性根源：知识的命题结构、行动的目的论结

[1]　Habermas, 'Some Further Clarifications of the Concept of Communicative Rationality'（1996）, in Habermas, *On the Pragmatics of Communication*, ed. and trans. Maeve Cooke（Cambridge: Polity, 1988）, pp. 307–42.

[2]　因此，他针对施耐德巴赫在 *ZurRehabilitierung des animal rationale*（Frankfurt/Main, Suhrkamp, 1992）中的反对意见进行了回复。

构和商谈的交往结构。这三个根源之所以不同，就在于它们之中任何一个都无法作为另外两个的唯一基础。它们之所以交织在一起，就在于它们中的每一个都预设了与语言和行动的关系。认识的合理性是知识的媒介，是认识与实在的遭遇及其可能的修正之媒介；目的论合理性是对手段的适当计算；交往合理性则是用来达成共识的。现在，辩护实践所取代的正是这种语言和行动之间的一般关系。在这方面，辩护实践**并不具有一个基础性立场**，而只是占据了一个**横向的**位置，因为在讨论中，这种辩护实践关联着一个必须被辩护的命题成分，一个目的论成分（因为这种讨论关乎恢复协调的问题），以及一个交往要素（因为这种讨论关乎与他人就某事展开商谈）。因此，当认知知识、行动之严肃性或相关性或者共识受到挑战或者出现问题时，商谈或辩护实践就会发生。

然而，将商谈作为合理性的不同根源所共有的横向空间来呈现，要求对理解理论做部分的修正，因为不论是在知识层面还是在行动层面，语言并没有在肯定性的命题或意向性的命题中调用"你"，而只是调用了"我"和"他/她/它"。因此，我们实际上可以设想两种类型的共识：一种是强共识，当"你"以某种方式被召唤时，支持言语行为有效性的理由通过对一个共同生活世界的具体诉求而被承认和分享；另一种是弱共识，支持言语行为的理由**只是被承认**而不是被分享，因此从**行动者或说话者的角度来看**仍是有效的或合理的，尽管他们在再现世界或计划行动时是独白式的。

一直以来，哈贝马斯认为，语言之公开的策略性使用——如威胁或侮辱——是共识导向型行动的衍生案例和寄生案例，因此，他赋予共识导向型行动以原初地位。然而，针对1994年被阿佩尔批判的这第一个论点[1]，哈贝马斯如今可以反驳说，理解一个言语行为（自高斯讲座以来的主要问题）相当于知道说话者借此而可获得**言后**（perlocutoire）或言外（illocutoire）成效的条件，这预设了能够承认独立于行动者的理由和**相对于行动者**的理由都是有效的，因此，共识和合作可以在或强或弱的意义上被设想出来。[2]

在哈贝马斯接下来所讨论的长文中存在一个互补性目标：即通过把影响各种言语行为的有效性主张之规范性背后的反事实预设加以议题化，而把交往理性重新置于历史和思想的去先验化运动中去。[3]为了做到这一点，哈贝马斯将康德及其规范性立场（与休谟的经验主义的规范性立场相反）作为其参照点。

---

[1] 因此，阿佩尔的批评加强了施耐德巴赫的观点；cf. K. O. Apel, *Auseinandersetzungen in Erprobung des transzendentalpragmatischen Ansatzes*, Francfort/Main, Suhrkamp, 1998, p. 732。

[2] 应该指出的是，这种调整为哈贝马斯开辟了巨大的（未开发的）批判可能性，因为实在论转向也可以具有社会批判层面上的意义（例如，分析法律理论中的谈判和妥协），而不仅仅是对知识或语言理论有影响。

[3] Habermas, 'Communicative Reason and the Detranscendentalized "Use of Reason"', in *Between Naturalism and Religion*, pp. 24–76.

这还包括在去先验化之语境中理性的规范性这种双重背景中与分析传统（弗雷格、唐纳德·戴维森[Donald Davidson]、达米特和罗伯特·布兰顿[Robert Brandom]）的批判性遭遇。与康德的比较有助于哈贝马斯确定康德的种种二元论（先验的/经验的、本体/现象、建构的/范导的、超越的/内在的，等等）仍具有强烈的形而上学内涵并被打上心理主义的烙印——因此要早于语言学转向及其互补的语用学和解释学维度——并在交往理性中被**转译**（traduits）为一种**去先验化的弱形式**。共识的语言游戏只预设一些与理想化前提相关联的规则，如存在一个共享的由独立对象所组成的世界，以及，参与者有可能以负责任的方式支持超越文本语境的有效性主张。因此可以说，在实在论转向之后，自在之现实与现象之间的对立，可以说被转化为真理与合理可接受性之间的对立，正如我们将在下文所看到的关于真理理论的实在论重构中显示的那样。对于严格意义上的商谈来说，这些反事实预设以公开、包容、平等、真诚这些要求的形式而被扩大和明确化；若没有这些要求，所交换的理由就无法让人信服。但这并不是确保论辩一定是如此进行的，而只是说，如果参与者无法认为这些规则是在起作用的，他们就不会参与到讨论当中去。因此，与这些分析传统的代表性人物的遭遇使哈贝马斯能够表明，意义的规范性维度，是以同意其理想化预设为前提的。

3. 接下来，我们可以分别从实在论转向之前和之后的真理理论的角度来探讨理性和意义的这种联系。这就是哈贝马斯在以下两篇文章中要讨论的主题。

第一篇文章[1]与高斯讲座属于同一时期，它将批判的对象转向了哈贝马斯通过把断言命题的情形普遍化而构建起来的真理符合论和有效性理论。继而，真理被视为由述事性言语行为所提出的主张——一个需要理由来支持的主张，这里的理由是可以在由上述反事实的理想化所范导的讨论中进行交流的。真理不能首先被看作是符合或证明。接下来那篇文章[2]是哈贝马斯在二十五年后针对罗蒂的怀疑立场而写的，通过（与这位《哲学和自然之镜》的作者相反）表明真理不能被简化为以辩护作为担保而纠正了这一立场。

在基于形式语用学的共识理论中构建一个社会理论方案，使哈贝马斯倾向于去捍卫有关一般意义上的有效性，尤其是有关真理的商谈论观念（une conception discursive de la validité en général et de la vérité en particulier）——也就是说，将**规范**和道德判断的有效性这一特例，做一种大胆而缺乏根据的概括，概括为一种还原为**合理的可接受性**的有效性观念；在这样做的时候，哈贝马斯最初依赖于图尔敏，后来也依托于达米特。因

[1] Habermas, 'Wahrheitstheorien', in Habermas, *Vorstudien und Ergänzungen zur Theorie des kommunikativen Handelns*（Frankfurt am Main: Suhrkamp, 1984），pp. 127–86.

[2] Habermas, 'Richard Rorty's Pragmatic Turn', in Robert Brandom（ed.），*Rorty and His Critics*（Malden, MA, and Oxford: Blackwell, 2000），pp. 31–55.

此，从关于真理理论的文章（这也是所选的两篇文章中的第一篇）开始，哈贝马斯就已经基于如下区分阐明了一种共识性真理概念：一方是与行动的实际情境相对应并指向客观或主观信息的"主体-表征-客体"的关系；另一方指的是立足于论辩情境的同时既纵向也横向的关系，即语言命题（或表达式）和事态之间的纵向关系，以及由这一命题的有效性主张所建立的说话者与听话者之间的横向关系。就这样，哈贝马斯构建了一种共识的或话语的真理理论，明确地将其锚定在构建社会理论和创建伦理学的目标之中。[1] 在这方面，符合论真理观既被保留在了工具性行动的语境中，又在论辩情境中指涉一种特殊类型的理由（商谈参与者的感知经验），而就这些理由而言，因为它们是主观的，所以在任何情况下，它们都必须在**以共识为目的**的语言交往形式中检验其效力，以便被视为理论性或认知话语的有效辩护。因此，哈贝马斯坚持真理概念中所隐含的间距性和反身性，同时也认为正确性的有效性（prétention à la validité de la justesse）[2] 主张**同样具有这些特征**，它不同于其他两种有效性

---

[1]　参见 *Wahrheitsthorien* 中的脚注，in *Vorstudien und Ergänzungenzur Theorie des kommunkativen Handelns, op.cit.* p.136。在有效性理论的建构上，达米特的理论和实践性商谈之间存在着交叉，哈贝马斯通过前者将方案从认识有效性普遍化为道德有效性，而道德有效性最初是为了思考认识有效性的。

[2]　英译本此处为 validity of correctness，但不清楚这个词出自哈贝马斯哪本著作的英译本；从上下文看，此处对应的应该是 validity of normative rightness。——译注

主张，即可理解性和真诚性。

罗蒂的语境主义立场的影响力和接受度，加上关于后现代主义的一般性论辩和关于实在论的更为具体的论辩，迫使哈贝马斯重新开始思考这种差异，因此间接恢复了正当性和真理这两种有效性主张之间的差异。他这样做的办法是与皮亚杰的学习概念联系起来，并用从普特南那里借来的指称理论对其进行补充，并且赋予皮尔士的理论以新的重要性。[1]影响他对正确性做这种实在论理解的原则，不难理解：如果说符合论真理观之实在论核心的相对化，是基于行动语境和商谈语境之间的明显差异，那么，重新引入这种实在论核心的前提，就要求以实用主义的方式将行动语境重新引入商谈语境**之中**。这就解释了他经常主张的行动、表征和交往之同源性的那种策略性特征。因此，这涉及为真理和辩护之间的话语关系赋予一种语用学变调，以便重新引入一些曾经从它那里逃开的东西。要做到这一点，就必须把观察者的视角和参与者的视角结合起来。对观察者来说，在语言学转向、解释学转向和语用学转向之后，我们无法再可信地声称自己能够接触到赤裸裸的事实；而对参与者来说，其观点与日常的实在论直觉有关。作为适应的结果，学习既具有自然主义和客观主义的意义，也具有以第一人称**亲历的**并被

---

[1] 这里提到的三个方面在元理论层面上被关联起来，以便容纳我们的实在论直觉。

视为**进步**的意义。由于知识主体能够将**对其自身来说**同一个对象的两种认知进行**对比**，这既要依靠对我们表征之外的世界的语用预设，即这个世界对于第一、第二和第三人称都是以相同的方式存在的，也要依靠对同一事物的这两种描述中各自的离散的索引属性（propriétés indexicales discrètes），即这两种描述都不能穷尽对它们所指向的那个独立实在的描述。因此，这两种描述指的是一个**内在于**我们实践的实在，它们可以在话语中进行比较，**但**目的是为了确定这两种描述中哪一种对我们的实践和我们与现实的遭遇来说是**最可靠的**，在其中，商谈体现了对我们种种实践方式的一种具有**可错性的虚拟化**。

4. 因此，总而言之，哈贝马斯旨在强调在语言学转向之后，或在更广泛的去先验化思想背景下，实在论所采取的具体形式：它必然是一种不预设一个绝对观点的内在型的实在论。[1]

C. 伦理、道德和交往能力

商谈伦理学的发展首先必须与三个决定因素关联起来：对实体主义（substantialisme）的反应、来自阿佩尔的影响和对社会理论的建构。

---

[1] Habermas, 'Introduction: Realism after the Linguistic Turn', in *Truth and Justification*, pp. 1–50.

事实上，商谈伦理学的思想背景是对受亚里士多德和里特尔及其右翼黑格尔主义圈子启发的保守的道德哲学的摒弃，正如我们在上文所看到的，后者代表了一种与纳粹时期的委婉化和暧昧的连续性。另一方面，阿佩尔在二十世纪七十年代初基于其交往共同体概念发展出了他的伦理理论，这里的交往共同体概念在皮尔士意义上重新解释了康德，并批判性地反对实证主义和价值决断论。[1] 从 1971 年到 1972 年，哈贝马斯本有可能发展出他自己的商谈伦理学版本——一个与社会理论相关的重构性和跨学科版本，当时他建构了一个以语言协调和辩护实践为导向的人格结构发展理论，该理论采取了互动能力发展阶段的形式。[2] 但直到 1980 年代初，也就是在哈贝马斯完成了对第一代批判理论纲领之交往原则的重构工作之后，他才真正**阐明和发展**了这方面的思想。并且，他是在一个国际语境下这样做的，这个语境尤其是由罗尔斯的《正义论》和它特别是在社群主义者（麦金太尔、泰勒和沃尔泽）当中所引发的新议程而恢复活力的。

出发点十分简单：互动规范是在商谈中被澄清的，这表明

---

[1] *Cf.* K. O. Apel *Transformation der Philosophie II, op. cit.*, pp. 358–435.

[2] *Legitimationsprobleme in Spätkapitalismus*, op. cit., pp. 140–52（*Legitimation Crisis*, pp. 102–10）; J. Habermas, *Zur Rekonstruktion des HistorischenMaterialimus*, op. cit., pp. 63–91（*Communication and the Evolution of Society*, trans. Thomas McCarthy [Boston, MA: Beacon Press, 1979], pp. 69–94.）

从实践主体和商谈参与者的施为角度来看，我们期望能够有理由为行动进行辩护。例如，在主张正当性的情况下，就要对诸如警告、命令或建议的行为进行辩护。很明显，商谈的治理规则及其反事实的预设（包容、平等、真诚等）起到了对可接受的理由进行选择性检验的作用。因此，从上文所得的认识论意义来说，必须有可能重建实践性商谈的义务论维度，这可以作为一种商谈论的道德伦理的基础，并提供绝对命令的一个后形而上学版本。这就是哈贝马斯的两个准则（U）和（D）所要发挥的作用。

准则（U）指一种普遍化规则，它**阐明**实践性商谈的**语用学预设**，这些预设是由动机发展至后俗成水平（通常在后传统社会中属于普遍发展水平）的实践行动者在面临实践冲突时所带来的。他们必须考虑到，每一个规范如果要有效，就必须满足这样的条件：可以预期为了满足每个个体的利益而普遍遵守这种规范所带来的结果和边际效用是**所有**相关人员能够自由地接受的。准则（D）则旨在在更直接的哲学层面上去捍卫商谈伦理的程序主义："只有那些得到（或可能得到）所有相关人员作为实际商谈参与者认可的规范，才能声称是有效的。"[1]它提供了一种程序性观点，即规范的有效性完全受制于那些受到它的运用影响的人对实践性商谈的参与。因此，它在哲学上禁止将有效

---

[1] *Moralbewusstsein und kommunikatives Handeln*, op. cit., p. 131. (*Moral Consciousness and Communicative Action*, p. 93.)

的规范视为一种既定的**哲学产物**，这使它既区别于哲学的（新亚里士多德式的或新黑格尔式的）实体主义，也区别于高度确定的正义论，如罗尔斯的理论及其包含的所有具体方案。因此，它通过这种彻底的程序性强化了（U）的认知主义、普遍主义和形式主义特征：它使我们意识到，（U）只表达了通过商谈而形成的意志的规范性内容。在这个意义上，哈贝马斯所捍卫的立场比其他竞争性的义务论伦理学理论具有更根本的程序性。还应该注意的是，（U）和（D）之间存在着一种"垂直"和互补的关系：一方面，（D）预设了规范的选择是可以被辩护的（即存在一种社会情境，其中主体拥有必要的能力来完成辩护这个智性的工作），另一方面，（D）在狭义的评价的或伦理的选择方面，为（U）的选择性提供了依据。

（D）和（U）的高度反思性和抽象性特征也与一个实体化的道德规范的世界的观念不相容，这个世界就好比认知的语言游戏（或简单描述）和理论探讨的语言游戏中的事实。最终，哈贝马斯把后一种形式的实在论重新引入他对理论性商谈的考虑之中，而此前他正是由于对对称性的过度关注，误以为理论性商谈是建立在实践性商谈模式之上，而在其关于真理理论的文章中将此种实在论排除了出去。[1] 与科尔伯格的某种柏拉图主

---

[1] 回想一下，托马斯·麦卡锡（Thomas McCarthy）早在1972年就提出了这种对称性的困难。

义立场所可能暗示的相反，此处并不存在任何在结构上可与认知知识具有可比性的道德"知识"。[1]

因此，在这里，哈贝马斯选择通过两组文本，依次论述其理论的两个层面。第一组文章阐述了商谈伦理学的原则，将其与交往行动理论联系起来，并把它置于道德哲学的立场序列之中；第二组文章涉及实践理性的整体架构以及对法律理论和指称理论的调整。我将依次讨论这些方面。[2]

1. 在回顾了商谈伦理学的思想来源和原则之后（正如我们刚才所做的那样），[3] 哈贝马斯强调，相较于康德的道德理论，商谈伦理学能够更好地抵抗针对形式主义、抽象化、"应然"的无能和纯粹信念的恐怖主义的黑格尔式责难，而这些都是泰勒等社群主义者对罗尔斯的攻击之所在。[4] 哈贝马斯特别论证了商谈伦理学的根基在于社会化理论和社会理论，因此也在于一种**伦理生活的**理论，同时认为这种伦理理论是一种具有**理想化预设**的交互承认的理论，而不是像社群主义者那样只是一种**纽带**

---

[1] *Wahrheit und Rechtfertigung*, op. cit., p. 204.（*Truth and Justification*, p. 190.）

[2] 这里，我们的第1点，同样对应于哈贝马斯文本中的第（1）节至第（5）节；我们的第2点，对应于文本中的第（6）节至第（8）节。

[3] Habermas, 'Discourse Ethics: Notes on a Program of Philosophical Justification', in Habermas, *Moral Consciousness and Communicative Action*, pp. 43-115.

[4] Habermas, 'Morality and Ethical Life: Does Hegel's Critique of Kant Apply to Discourse Ethics?', in *Moral Consciousness and Communicative Action*, pp. 195-216.

和评价性**来源**的理论。[1]哈贝马斯还能对此加以解释，商谈伦理学并**不代表**一种批判理论之后的规范哲学的重新定向，而是从实践商谈参与者的角度出发，来对他的理论进行澄清和局部阐明。[2]

于是，在这第一组的最后两篇文章中，哈贝马斯将商谈伦理学置于罗尔斯和由对其作品的反响所开辟的当代道德立场的空间中，并置于欧洲史的视域中。[3]哈贝马斯认为，罗尔斯在朝一种政治的正义观的演进中向社群主义者的新亚里士多德主义让步过多，并由于通过削弱康德的建构主义以回应那些反对意见而过分地接受了善的概念，甚至向宗教作出妥协。哈贝马斯的义务论则没有必要这样做，正如我们刚刚在他的伦理生活理论中看到的那样，而这一点在后文关于宗教问题的讨论中会变得更为明晰。因此，一种普遍主义的道德并不一定是同质化的，相反，当它**充分分化**时，就在商谈中显示出**包容**的真正可能性，

---

[1] Habermas, 'Morality, Society, and Ethics: An Interview with Torben Hviid Nielsen', in Habermas, *Justification and Application: Remarks on Discourse Ethics*, trans. Ciaran Cronin（Cambridge: Polity, 1995）, pp. 147–76.

[2] 正如我们所看到的，道德—心理发展的重建工作以标准化的社会化条件为前提。因此，可以通过额外的假说，特别是社会学假说，以表明道德判断及其发展如何以及为何出现各种形式的退化病症，特别是与身份认同问题有关的病症 [参见上文 *I.B.2*、*I.C.2*、*II.A.3* 和后文的 *II.D.2*]。

[3] Habermas, 'Remarks on Discourse Ethics', in *Justification and Application*, pp. 19–112 and Habermas, 'A Genealogical Analysis of the Cognitive Content of Morality', in *The Inclusion of the Other*, pp. 3–48.

而这种商谈的理想化预设必须通过敦促**不同的世界观**参与到各种形式的**去中心化**，并**参与到各种形式的学习**中，才有可能在不同的世界观之间达成共识。

2. 哈贝马斯由此勾勒出实践理性的整体面貌，进而考察实在论转向对其道德立场的意义。

他区分了理性的三种运用：实用的、伦理的和道德的，它们分别对应不同的实践情形。[1]第一种实用的运用是为达到某个目的而采取的理性行动，它以固定的价值和规范为前提，并受制于审慎和技巧的假言命令。第二种伦理的运用涉及个人对基本价值的选择，并且他或她必须体现出这些价值从而过上美好而幸福的生活，这是以对自我和自身所信奉的传统的解释学理解为前提的，并特别体现在个人的生活选择上。这两种实践理性的运用分别对应于功利主义和亚里士多德（及伽达默尔），它们在很大程度上仍然以自我为中心，相较之下，严格意义上的"道德"运用首先预设了第一人称观点的去中心化，因为它是在规范性冲突中开始发挥作用的。正是康德确立了实践理性的这种道德上的运用，但却是以一种后形而上学的形式确立的。

但是我们必须消除道德认知主义和道德实在论之间的潜在

---

[1] Habermas, 'On the Pragmatic, the Ethical, and the Moral Employment of Practical Reason', in *Justification and Application*, pp. 1–18.

混淆，尤其是在上文提到的指称理论中的实在论转向之后。这就要求我们**摆脱**不同有效性主张之间的**某种对称性概念**，以表明并不存在一个可与事实世界相提并论的道德事实世界，从而使得我们能够在道德领域中构想出真理与辩护之间的对等性。[1] 与理论性商谈不同，实践性商谈的目的不是为了确保道德世界的实践确定性，而是为了产生某种共识。从这个角度来看，观点的去中心化和反事实预设之间的相互作用，**足以**确保商谈过程中产生的规范之有效性。

哈贝马斯所选择和讨论的最后一篇文章[2] 与下文关于法律的导言之间存在一种关联，这种关联在于表明，在交往行动理论的参照框架内，道德和法律是如何既相互**重叠**又相互**区分**，并因此必须在一种进化的规模上**不断地**相互**补充**，这一切都是从观察者和参与者的双重视角发现的。[3] 这促成了哈贝马斯对商谈原则的某种重新部署。这种原则不再单纯与"商谈伦理学"相绑定，而是在更广泛的意义上被理解成为行动规范奠定公正基础的简单程序，这些规范在伦理道德商谈和法律商谈中可以被

---

[1] Habermas, 'Rightness versus Truth: On the Sense of Normative Validity in Moral Judgements and Norms', in *Truth and Justification*, pp. 237–76.

[2] 这是对阿佩尔在 *Auseinandersetzungen*（Frankfurt/Main, 1998, pp. 689–838）中提出的反对意见的回应，这种反对意见针对的是哈贝马斯对法律理论所要求的商谈规范性的重新表述。

[3] Habermas, 'On the Architectonics of Discursive Differentiation', in *Between Naturalism and Religion*, pp. 77–98.

具体地区分开来，而在后一种商谈中利用的**理由范围更为广泛**。以这种方式，哈贝马斯强调了与阿佩尔之间的差异，对他来说，阿佩尔仍然过于接近由哲学家所产生的那种康德式的道德形而上学理念。与罗尔斯的立场一样，这个立场在形而上学层面上仍然显得过于强硬。

D. 程序、法治和学习

在第四篇导言中，哈贝马斯讨论了一些核心的历史因素和传记因素，这些因素不仅为他的政治哲学提供了启示，而且正如我们在上文所看到的，也为他在相关哲学领域的抉择提供了启示。他反对国家社会主义崇尚牺牲的、实体主义的意志主义和决断论，及其在二战前后体现在施密特那里的学术版本，他还反对盖伦的保守人类学和卢曼的系统论，不但对于把民主理解为包容和商议，而且对于推论的合理性和社会理论，以及更一般地对于拒斥精英主义和哲学的秘传论，这些背景并不仅仅只有对比性的意义。需要补充的是，法律理论也是对罗尔斯正义论的回应。正如我们刚才在哈贝马斯的商谈伦理学版本中看到的那样，哈贝马斯所提出的是一种更具社会学色彩的也更具程序性的理论，因为它表明了理论家**不能在固定的理由库**之基础上发展其理论，也因此不能在罗尔斯意义上的"正义论"的基础上发展其理论。

同时，相较于《交往行动理论》，法律理论涉及对法律及其功能的重要的理论性和诊断性的**调整**。在那里，受到韦伯和卢曼的启发，哈贝马斯把法律看作至少在某种程度上是权力的一种扩展（G），这种权力把以交往方式构建的生活世界殖民化了（I），即使他是把体现在载入宪法的基本权利中的交往行动的规范效力与上述视域相提并论的。哈贝马斯现在更关心的是在法律的总体性及其结构中去把握其作为I（和L）与G和A之间的**接口作用**。问题在于如何调整《交往行动理论》中所提出的法律对生活世界之殖民化这一诊断中的不稳定部分，同时将全球社会整合问题与系统整合（由货币和权力作为法典化的媒介，A和G）和社会整合（或交往整合，I和L）放在一起解决。法律似乎是一个中间范畴，一方面与行政权力和市场系统相关，另一方面与生活规范相关，因此它能够实现普遍的功能整合（AGIL）。

《在事实与规范之间》是典型的哈贝马斯式的后形而上学建构：按照从抽象到具体的理论材料选择的步骤，这种建构把指称模式的认识论与其系统化的进化阶段亦即重构的认识论和有关辩护的解释学的和建构的认识论结合在一起。这两个约束系列，一方面是商谈理论的规范性约束，另一方面是功能性约束，它们使得哈贝马斯能够重构现代法治国家的建筑术，包括其规范等级、建制以及它与公共领域中的商谈所产生的政治主权之间的联系，而这一切都是在进化动力学的后俗成阶段以理想-类型的方式展开的。如同在第一篇导言和第一卷文集中讨论的《交往行动理论》一样，总体安排妨碍了哈贝马斯对《在事实与规范之间》中得到发展的整个法律理论提出建构性的辩护程序。因此，与第二篇、第三篇和第五篇导言形成对照，我们这里所面对的是一篇原则的大纲，而并非一种真正完整的呈现。

如果我们按照哈贝马斯在导言（也包括他所刻画的四组文章）中提供的思路，那么，问题就既在于在一种逐步的扩张运动中为现代政治领域中的理性程序模式提供辩护，也就是要证明其在理解现代法治国家及其结构中的解释力量，也在于要将推论的程序铭刻在现代社会和国际制度的整体演变之中。我将依次讨论这四个主题。[1]

1. 哈贝马斯的首要任务是表明民主的程序性和重构性模式的认识论效力。这里所谓的程序是指通过公民参与商议对话来实现合法化。这就是哈贝马斯选择和介绍的前三篇文章的主题。

第一篇文章[2]写于法国大革命200周年之际，在紧接着坦纳

---

[1] 因此，这里的第1点对应于哈贝马斯文本中的第（1）节至第（3）节；第2点对应于文本中的第（4）节和第（5）节；第3点对应于文本中的第（6）节至第（8）节；第4点对应于文本中的第（9）节至第（11）节。

[2] Habermas, 'Popular Sovereignty as Procedure' (1988), in *Between Facts and Norms*, pp. 463–90.

哲学讲座系列《法律与道德》[1]建构法律理论方面似乎发挥了开创性作用，而当时的讲座已经在朝着这个方向发展。这篇文章试图强调这个把以参与和商议为特征的公民身份概念付诸实践的时刻所具有的历史推动力。不仅如此，它还详述了在推动这场革命时爆发的种种现代对立，特别是受卢梭启发的社会共和派和受洛克这样的自由主义思想家所启发的人权派之间的对立，这种对立由于与经济——在这里社会主义和自由主义之间发生对抗——相联系而得到了继续和深化。如果我们认为，具有主权之人民（peuple souverain）决不应该被视为一个实体，而应该被视为这样一种非正式商谈的去中心化和去实体化过程，其前提是以自由主义传统理解的公民权利，其职能是为行政机构制定相关议题和理由（否则这些机构总是倾向于以官僚主义的方式自我封闭），那么，这些思想和历史上的对立是可以得到澄清和克服的。[2]

继而，哈贝马斯在政治理论层面上以理想-类型的方式来发展这一直觉，具体的办法是，阐明自由主义和共和主义这两种民主模式之间的区别，并且解释同样的辩证法——即自由与平

[1] *Recht und Moral. Tänner Lectures*, Frankfurt/Main, Suhrkamp, 1986（'Law and Morality', in *The Tanner Lectures on Human Values*, vol. 8, ed. Sterling M. McMurrin [Cambridge: Cambridge University Press, 1988], pp. 217-79）.

[2] 根据哈贝马斯，J.福禄培尔（J. Fröbel）在 1847 年的著作（*System der sozialen Politik*, Mannheim）中提到这种协商制方案。此书哈贝马斯在这篇文章中数次引用。

等、多元与统一、公民权利与参与权之间等诸种对立关系——
是如何通过商议民主模式得到解决的。[1]

　　第三篇文章，哈贝马斯描述得很简单的那篇，说明了我们
早先谈及的关于**重构**和**互补性假说**所起作用的看法。[2]一旦法
律实践和法律模型的理论核心借助于规范性约束和功能性约束
这两个交织在一起的系列得到重构，我们就可以**增加**一系列假
说来描述一个富含规范性要素和事实性要素的现实。这些假设
包括关于社会化之不利条件的经验性假说和批判性假说，或者，
在实在论转向之后，关于弱意义上的同意（妥协、谈判）的次
要作用的经验性假说和批判性假设。因此，相较于《在事实与
规范之间》，这些观点代表了一种黑格尔主义或马克思主义意义
上的**更具体**的建构环节。这给了哈贝马斯一个机会去证明他的
模型——它把社会学的、政治理论的和法理学的种种要素结合
在一起，通过表明构成公共舆论的主题议程和理由清单是怎样
借助于不同类型的社会行动者（公民、协会、政党、工会等）
在商谈和非正式场合的公共领域中，在媒介系统中，以及最后
在建制性政治舞台上，产生出来的。与社会行动理论或意义理

---

[1] Habermas, 'Three Normative Models of Democracy', in Habermas, *The Inclusion of the Other*, trans. Ciaran Cronin（Cambridge: Polity, 2002）, pp. 239–52.

[2] Habermas, 'Political Communication in Media Society: Does Democracy Still Have an Epistemic Dimension? The Impact of Normative Theory on Empirical Research', in *Europe: The Faltering Project*, trans. Ciaran Cronin（Cambridge: Polity, 2008）, pp. 138–83.

论一样，法律理论突出的哲学优势就在于其整合能力——相较于基于单一学科之模型，具有描述上的优势。就像在社会行动理论和意义理论那里，这种法律理论的明显的哲学优势，是它的整合能力。

2.商谈理论的这种跨学科方法的优越性，如果与哈贝马斯的整个理论联系起来，与进化动力学的扩展了的视角联系起来，再次得到证明。[1]哈贝马斯阐明了宪政国家（法治、分权和尊重公民自由）与民主（自决和人民主权）之间的联系，以此说明由于自决的前提是公民意见的自由发展，所以神圣秩序或宇宙秩序的解体动力学意味着合法性只能通过公共自主和私人自治、人民主权和人权的综合手段来实现。正是进化逻辑的理想-类型框架使哈贝马斯得以表明，在一个**后俗成**的、分化的和合理化的社会中，公民——他们同时也是市民社会的成员——必须通过承认彼此的公民权利来决定他们彼此的共同命运，若没有这些权利，集体商议就会缺乏赋予合法化和提供动机的能力：由于这些强形式的权威（神圣的或形上的）所能调动的（宇宙论的、传统的）**俗成**类型的理由日益贬值，它们已经失去了提供

[1] Habermas, 'On the Internal Relation between the Rule of Law and Democracy', in *The Inclusion of the Other*, pp. 253–64; Habermas, 'Constitutional Democracy: A Paradoxical Union of Contradictory Principles?' (2001), in Habermas, *Time of Transitions*, trans. Ciaran Cronin and Max Pensky (Cambridge: Polity, 2006), pp. 113–28.

动机的能力。[1]

3. 在将其法律理论重置于进化论的宽泛框架内之后，哈贝马斯可以着手处理历史动力学的变换格局。第三篇文章涉及社会分化和学习的理论，正如我们在第一部分中所看到的那样，与这些分化和学习过程相联系的是这样一个理论，它研究的是那些在互动能力的动机结构并因此潜在地在建制与文化中导致**渐进或倒退发展的种种偶因**。在这里，哈贝马斯把这个理论运用到民族文化和宗教与现代政治的特定关系这个问题上，特别是在它们各自作为论辩资源的作用方面。因此，团结（solidarité），它是以言语交往为中介的，也很容易在该中介中发生转变。于是，我们就在这里触及了哈贝马斯政治著作的极其丰富的材料。

首先，哈贝马斯回顾了欧洲历史上基于包括了民族（ethnos）和民众（démos）之间互动的学习过程的一波波分化。民族主义及其败坏，把为祖国献身变作笑谈的武器研发，以及后殖民意识，它们作为**偶因而发生作用，要么**在各种认同层面上引发病态的倒退，要么反过来激发了这样一个学习过程，这一学习过程能够将人民之认同的尚在俗成层次的那一面，与这种认同之假想地包容的（virtuellement inclusive）后俗成层次上的自决（autolégislation）那一面，分离开来——也就是说，它们能够把

---

[1] 这是一种分阶段的学习过程的心理学上的和智力上的影响，在这个过程中，每个后续的更高阶段都会把较低阶段所捍卫的理由类型相对化。

民族和民众区分开来。[1]但是，这些学习和分化过程——与道德领域中的情况一样，它们是俗成层面的动机对后俗成层面的动机的臣服——既不能混同于后现代主义者对法律的同一性和普遍性的批判，也不能混同于强烈的多元文化主义立场。[2]即使这样，我们也必须提出学习过程的象征性代价这个问题，尤其对宗教来说，因为正如我们在下文将会看到的，宗教是被迫适应后俗成社会的这种新的规范性分工的。[3]

4. 按照同样的思路，文本的最后部分讨论了根据同一些原则把程序的法律理论向国际法延伸。[4]康德为永久和平方案而

---

[1] Habermas, 'On the Relation between the Nation, the Rule of Law and Democracy', in *The Inclusion of the Other*, pp. 129–54. 这个问题也与历史话语（historical discourse）的作用有关，它在其对民族叙事的贡献和促进对认同的批判性距离之间左右为难，这是哈贝马斯在1980年代的（有关纳粹之历史定位的。——译注）历史学家之辩的背景中处理的问题。

[2] Habermas, 'Equal Treatment of Cultures and the Limits of Postmodern Liberalism', in *Between Naturalism and Religion*, pp. 271–311.

[3] 参见哈贝马斯的文章，'Religion in the Public Sphere: Cognitive Presuppositions for the "Public Use of Reason" by Religious and Secular Citizens', in *Between Naturalism and Religion*, pp. 101–48。

[4] 参见哈贝马斯的文章，'Remarks on Legitimation through Human Rights', in *The Postnational Constellation*, pp. 113–29。 对其立场的修订版本参见：Habermas, 'Does the Constitutionalization of International Law Still Have a Chance?', in Habermas, *The Divided West*, trans. Ciaran Cronin（Cambridge: Polity, 2006）, pp. 115–93; Habermas, 'The Constitutionalization of International Law and the Legitimation Problems of a Constitution for Society', in *Europe: The Faltering Project*, pp. 109–30。

提出的种种路径，哈贝马斯既做了重温，也做了批判，为此他依据的是历史所贡献的一系列新的**偶因，**以及一种去先验化的学习观——把学习看做是包容性的，在法律当中被建制化的。哈贝马斯争辩说，极权主义战争和纽伦堡审判、柏林墙的倒塌以及第一次和第二次海湾战争期间人权的军事化输出（美国新保守主义者诉诸霍布斯、施特劳斯和施密特的理论来为此作辩护），应该激发出一种这样意义上的交往过程的跨国建制化，在这个过程中，私人自主与公共自主，亦即人权的两个相应的层面，是相互交织在一起的。对一个既基于民族国家主权又基于世界公民人权的全球社会的图景勾勒，有可能激发国际建制的部分重组。

E. 去先验化、批判和超验性

在这里，哈贝马斯论述了三个看上去不同的主题：去先验化的框架及其对哲学方法论和理性观念的影响，自然主义的问题，以及宗教的问题。第一点和第三点是分两个阶段展开的。

事实上，这是同一件事情之展开的不同结果，起点是去先验化框架，以及它回过头来与分化和合理化的社会理论之间的关联，这种框架及其相关的方面在1980年代关于后现代主义的论辩的语境中呈现出来，然后在神经科学突飞猛进的崛起和最终关于"宗教回归"的讨论中得到阐明。

我们将按照哈贝马斯的论述依次讨论这三个方面。[1]

1.如上所述，在哈贝马斯那里，规范化的问题和他对源自德国观念论的那种强哲学观念的怀疑，与洛维特和阿佩尔对他的影响，以及他将历史唯物主义重构为一种批判理论的雄心，是交织在一起的。综合来看，这些观念赋予肇端于浪漫派和德国观念论者并最终由海德格尔以理想类型的方式加以体现——这是马克思意义上的一种反动的和形而上学的唯心主义的残余——的德国哲学以某种秘传式、先知式、风格化和贵族式气质；而与此相反，黑格尔左派一代似乎是作为去先验化和后形而上学思维的先锋而出现。而且，这种去先验化的思想重构，作为一个带着种种范式与转向，并回过头来与有关分化和合理化的社会理论相关联的阶段序列，可被理解为马克思意识形态批判的一种丰富且更为复杂的延续。

在这些坐标所界定的思想空间中，哲学的建构工作不仅放弃了专属手段，也不再具备过度的理论构筑雄心，比如给自十九世纪以来几乎独立于哲学的各种科学学科指点方位。[2]后形

---

[1] 此处，同样是第1点对应于哈贝马斯文本的第（1）节至第（4）节和第（5）节至第（7）节；第2点对应于第（8）节和第（9）节；第3点对应于第（10）节至第（13）节。

[2] Habermas, 'Philosophy as Stand-In and Interpreter', in *Moral Consciousness and Communicative Action*, pp. 1–20; Habermas, 'What Theories Can Accomplish–And What They Can't', in Habermas, *The Past as Future*, trans. Max Pensky （转下页）

而上学思维必须被放置进范式和转向的序列坐标中，必须处于这样一种可错的思维模式的谦卑的末端，这种模式依赖于同其他学科成果的合作，并将理性理解为是与历史、语言和行动绑在一起的。于是，哲学家们不再试图以先知的姿态去洞察普遍历史（如海德格尔），甚至也不再试图提出其根本性的变革（如马克思），而是以一种可错论的和实在论的方式，将自身融入一个由多半独立于哲学的诸价值领域所构成的分化了的世界之中。在这些领域的交汇处，哲学家的首要作用是对各种语言进行互译，如果他或她借助于其他知识分支而也熟悉了这些语言的内容的话。对介入公共论辩的知识分子来说，他们除了其论点的准确性和效力之外，别无任何其他凭藉；他们必须拒绝任何其他形式的权威和自恋。哲学，或德国哲学中志向高远但高远得有点过分的那一支，德国浪漫主义和观念论那一支，它寻求普遍历史的秘密钥匙，并助长一种高妙而神秘的态度——含蓄地

（接上页）（Lincoln, NE: University of Nebraska Press, 1994），pp. 121-41; Habermas, 'The Relationship between Theory and Practice Revisited', in Habermas, *Truth and Justification*, pp. 277-92。需要注意的是，哈贝马斯虽然并未在第五篇导言中提及与他在1970年代的整个理论建构相关的第二篇回溯性文本，但这一文本仍然构成了这一时期的理论轴心，即这些后形而上学坐标对他自身建构性的难题策略的影响，属于多个学科的不同理论片段之间的汇聚所具有的解释学的和启发式的作用，以及仍然必须由规范论证所发挥的作用（'Philosophy as Stand-In and Interpreter', pp. 14-5）。这解释了我们已经在《交往行动理论》和《在事实与规范之间》等主要著作中所发现的原始构造之结构，以及在理论有机成长的第二阶段所做出的阐明和调整[参见 *I.D.3* 和 *I.D.4*]。

主张对这样一种哲学观进行降调和修正，它的具体含义现在可以看得很清楚了。

而且，一种去先验化的理性观既是统一的（即做了一种后本体论、后心智论、语言学、解释学和语用学理解），同时也是交往的（即是主体间的而非逻各斯中心的），并且是适应于社会行动之分化与合理化这一现代运动的，从而获得了一种本质上是程序性的统一性。[1]它的基础仅仅是支配论辩的规则，特别是这些规则在论辩参与者中所预设的反事实的理想化力量。[2]

2-3. 以下两个方面是作为一种后形而上学的二律背反被提出的，彼此对立的一面是自然科学的各种硬学科分支，一面是宗教；前者因为遗传学和神经科学中的发现而得到加强，后者因为"宗教回归"而得到加强。这让人想起1930年代批判理论所反对的两股主要潮流：维也纳学派和本体论主义。从这个角度看，霍克海默那种基于后形而上学思维的跨学科唯物主义的理性批判事业，确实以一种更为系统、更具有建构性的形式，在哈贝马斯的理论中得到了延续。这种延续的缘由我们在一开

---

[1] Habermas, 'The Unity of Reason in the Diversity of Its Voices', in *Postmetaphysical Thinking*, pp. 115-48.

[2] 参见哈贝马斯的文章，'Metaphysics after Kant', in *Postmetaphysical Thinking*, pp. 10-27, and 'Themes in Postmetaphysical Thinking', in *Postmetaphysical Thinking*, pp. 28-53. 我在本文的第一部分讨论过这一对理性的改造。

始都已经看到了，而这种延续的语境则是发生了局部的转换。

这样，哈贝马斯从处理自然主义的各式硬学科变种的问题入手。借助于从胡塞尔（Edmund Husserl）那里获得的灵感——特别是来自《观念》的"**生活世界**"（Lebenswelt）概念和《危机》对科学的客观主义的自我理解[1]，哈贝马斯在他自己的分化的和去先验化的社会学框架内表明，科学的自然主义反映的是一种对科学的还原主义自我理解，它既忘记了自己在生活世界的立足点，也高估了自身的思维概括能力。科学不再能生产世界的真实图像。如此一来，神经唯物主义的新科学主义将（认知的、规范的和表达的）生活世界在分化上的多样性还原为客观性这个单一维度，但也把它们还原为某些因果机制。然而，互动的符号维度和规范支配维度预设了社会行动者的第一人称视角，这些行动者以施为的方式把自己看做是彼此对他们的商谈承诺负有责任的，因此他们不能也不该对他们的语言游戏仅仅采取第三人称单数的观察者视角。[2]

---

[1] See Edmund Husserl, *Ideas: General Introduction to Pure Phenomenology*, trans. W. R. Boyce Gibson（London and New York: Routledge, 2012 [1931]）and *The Crisis of European Sciences and Transcendental Phenomenology: An Introduction to Phenomenological Philosophy*, trans. David Carr（Evanston, IL: Northwestern University Press, 1970）.

[2] Habermas, 'From Worldviews to the Lifeworld', in Habermas, *Postmetaphysical Thinking II: Essays and Replies*, trans. Ciaran Cronin（Cambridge: Polity, 2017）, pp. 3–27 and 'The Language Game of Responsible Agency and the Problem of Free Will', *Philosophical Explorations* 10/1（2007）: 13–50.

关于宗教，哈贝马斯处理了各主要宗教为了与合理化和分化的现代性——在现代性中，科学、政治、道德和艺术从宗教的护佑中解放了出来，这就既要求放弃对宗教的任何权威主义的和政治的强加，又要求与宗教自身的启示信仰之核心建立起一种具有高度反思和解释性的关系——相适应，就不得不努力进行的那种自我转换。[1] 但是这同样的过程也赋予了宗教这样一个作用：为这同一个现代社会，这个其动机资源因为历史动态过程而日渐枯竭的现代社会，提供有用的甚至是不可替代的意义和动机资源。[2] 宗教之所以有用，甚至实际上不可替代，是因为在一个多元化和自由化的并因此必须对各种世界观保持中立的社会中，宗教留存了与在世俗化社会中往往缺乏的世界图像和强救赎观之间的联系。这预设了后形而上学思维之语言和宗教之语言之间，是可以用一种反思的和解释学的形式相互转译的。[3] 因此，在这里，哈贝马斯把康德在《单纯理性限度内的

[1] Habermas, 'The Boundary between Faith and Knowledge: On the Reception and Contemporary Importance of Kant's Philosophy of Religion', in *Between Naturalism and Religion*, pp. 209–47 and Habermas, 'Religion in the Public Sphere of "Post-Secular" Society', in Habermas, *Postmetaphysical Thinking II*.

[2] Habermas, 'An Awareness of What is Missing', in Habermas, *An Awareness of What is Missing: Faith and Reason in a Post-Secular Age*, ed. Michael Reder and Josef Schmidt, trans. Ciaran Cronin (Cambridge: Polity, 2010) , pp. 15–23.

[3] Habermas, 'Transcendence from Within, Transcendence in this World', in Don S. Browning and Francis SchüsslerFiorenza (eds) , *Habermas, Modernity, and Public Theology* (New York: Crossroad, 1992) , pp. 226–50.

宗教》中所阐述的路径重新转译为其社会理论和后形而上学理性理论的去先验化和主体间性的坐标，其目的在于，在民主社会的公共领域中敦促一种后形而上学哲学与反思性宗教之间的对话。

我们现在描绘出了哈贝马斯的理论之树，甚至有能力绘出它在技术层面上的更多分支：树根（去先验化）、树干（社会理论）以及主要分支（合理性理论、道德理论和法律理论）和次级分支（现代理性和科学与宗教之间的关系）。如此一来，这五篇关于其哲学贡献的回溯性导言，就可以安置于哈贝马斯巨大的建构计划之中去了。

第一章

社会学的语言理论基础

我于1971年在普林斯顿大学做的高斯演讲，构成了我哲学思考发展中的一个显著节点。[1]当然，我对语言哲学问题的浓厚兴趣，可追溯到我的学生年代，其中包括参加罗特哈克和维斯盖伯（Leo Weisgerber）有关与洪堡相联的"实质语言科学（inhaltlichen Sprachwissenschaft）"传统的讨论班。尤其是，与我的朋友兼导师阿佩尔[2]的讨论，为我接触维特根斯坦的《哲学研究》和伽达默尔的《真理与方法》[3]做了准备，也启发我后来去阅读皮尔士的语言理论和符号理论。因此，在我的文献综述《社会科学的逻辑》（1967）[4]和稍晚在《认识与旨趣》（1968）[5]中对心理分析的结构模式的交往论诠释当中，已经发生了一种"语言学转向"。但我的社会学研究（1962）[6]，以及我对社会哲学的反思（1963）[7]，直到1960年代后期仍然处在法兰克福传统的范围之内。

直到那时，我还没有质问老一代批判理论本身的理论背景，尽管我从一开始就对它的基于历史哲学和阿多诺的"隐蔽正统学说"（尤其是他对马克思的剩余价值理论的默默接受），有所怀疑。从我做博士论文那时开始，我就苦苦思考这个问题：如何把一种激进的历史思维，与论证一种具有丰富规范内涵的当代诊断，协调起来。我越是熟悉对当代社会的经验研究，就越是觉得，当代社会生活的横向分化和它的复杂性的加速增加，与黑格尔主义–马克思主义范式的整体主义，是不那么相容的。[8] 同样的理由强化了我对观念论传统——这个传统让乔治·卢

[1] Jürgen Habermas, 'Reflections on the Linguistic Foundations of Sociology: The Christian Gauss Lectures (Princeton University, February–March, 1971)', in Habermas, *On the Pragmatics of Social Interaction*, trans. Barbara Fultner (Cambridge: Polity, 2001) , pp. 1–103.

[2] 见卡尔-奥托·阿佩尔的重要的教授资格论文, *Die Idee der Sprache in der Tradition des Humanismus von Dante bis Vico* (Bonn: Bouvier, 1963)。

[3] 但我有批评, 见 Habermas, "On Hermeneutics' Claim to Universality" (1970) , in Karl Mueller-Vollmer (ed.) , *The Hermeneutics Reader* (New York: Continuum, 1985) , pp. 294–319。

[4] Habermas, *On the Logic of the Social Sciences*, trans. Shierry Weber Nicholsen and Jerry A. Stark (Cambridge: Polity, 1988) .

[5] Habermas, *Knowledge and Human Interests*, trans. Jeremy J. Shapiro (Cambridge: Polity, 1987) ; 关于对此书我后来的看法, 见 Habermas, "Nachdreißig Jahren: BemerkungenzuErkenntnis und Interesse", in Stefan Müller-Doohm (ed.) , *Das Interesse der Vernunft* (Frankfurt/Main: Suhrkamp, 2000) , pp. 12–20, here pp. 17f。

[6] Habermas, *The Structural Transformation of the Public Sphere: An Inquiry into a Category of Bourgeois Society*, trans. Thomas Burger and Frederick Lawrence (Cambridge: Polity, 1989) ; Habermas, *Toward a Rational Society*, Jeremy J. Shapiro (Cambridge: Polity, 1987) .

[7] Habermas, *Theory and Practice*, trans. John Viertel (Cambridge: Polity, 1988) .

[8] 关于我哲学发展早期阶段上仍然能成立的东西的阐释, 见 Thomas McCarthy, *The Critical Theory of Jürgen Habermas* (Cambridge, MA: MIT Press, 1978)。

卡奇的《历史与阶级意识》[1]中具有范式塑造意义的研究带上了历史哲学的重负 —— 的主体性哲学的概念基础的怀疑。[2]

激进的知识批判，如我在《认识与旨趣》序言中解释的那样，只能采取社会理论的形式；但在该书中形成此观点的时候，我仍然设法用一个宏大学习主体（ein lernendes Subjekt im Großformat/a learning subject write large）来解释知识的规范性，以及自我反思的分析力。因此，这个主体之成就的去先验化的结果，只是"人类物种"的一个自然历史。阿佩尔把我们共享的认知旨趣的概念，描述为一种"认知人类学"（Erkenntnisanthropologie/**anthropological epistemology**），这并非没有道理。黑格尔已经把康德的先验主体从其本体宝座上拉了下来，把它重置于客观文化精神的历史发展之中；马克思则把客观精神的伦理生活转变为社会的物质再生产。但这两位思想家都没有摆脱主体哲学的概念器具；对黑格尔和马克思来说，世界历史的学习过程是发生在像"民族"或"社会阶级"这样的大规模主体之中的。就连人类物种史的观念，虽然它不再被认为仅仅以社会地组织起来的劳动的方式来展开，而同时也以通过交往作为媒介而实现的教养/教化过程（Bildungsprozeß）来

[1] Hauke Brunkhorst, 'Paradigm-Core and Theory-Dynamics in Critical Social Theory: People and Programs', in *Philosophy and Social Criticism* 24/6（1988）: 67–110.

[2] 见我为 *Theory and Practice* 撰写的 Introduction。

展开，也仍然受到主体哲学模式的束缚。

高斯演讲里采取的决定性步骤，是让先验意识（作为社会关系之构成的源泉）代之以那些为社会确保其同样的"与真理的内部关联"的日常交往实践。如果在基本概念中没有纳入与理性的关联，（现在所谓的）"交往的社会理论"就会从一开始就缺少它为了执行对社会病态进行批判性评价的任务所需要的非任意性标准。当然，理性必须被放置在社会空间和历史时间之中。但是，为了避免为实现心灵之非先验化而付出引入高层次集体主体这样的代价，那时的挑战是以这样一种方式"把社会学建立在语言论之中"，它既承认交往的非中心化力量，也把社会和文化的集体认同设想为较高层次的压缩型主体间性形式，并且考虑到社会生活的多元论性质。下面我将相当详细地讨论高斯演讲，因为这些演讲标志着我理论发展中的一个转折点。下面的文本编号对应于所选文本的顺序。

一

对社会理论基本概念本应早做的那种"重新配置"，我那时是参考那些个体主义进路进行的，像胡塞尔和舒茨的社会现象学和西美尔（Georg Simmel）和阿德勒（Max Adler）的新康德主义社会学，这些进路承认先验主体的多元性，从而必须设定可能之社会化过程的必要的主观条件。当然，这些先验进路仍然是发挥社会理论作用的认识论，因为它们把社会之再生产与主体间共享的可能经验世界的再生产相类比：从这种认识论视角出发，一个共享的社会世界的"构成"，取决于社会化的诸单个主体之综合的意识活动。尽管有一些不足，这些理论在那时起到了通往我心目中这样一种社会观的桥梁的作用，即社会不仅是通过交往而形成网络，而且也是在那些富含规范性预设的交往活动的基础上建构起来的。

为了充分发挥日常交往之理性潜力的作用，那时我要做的全部工作，只是让知识主体的"认知活动"代之以行动主体的言语行为，并且把意义的生产，不是溯源到诸多有意识单子之经验世界的构成，而是溯源到语言使用者共同体中的交往。这就通过事实上**承认的有效性主张的约束力**，在交往理性与社会再生产之条件两者之间，建立起一种关系。在那时，我是以一种相当笨拙的方式来解释"事实上有效力之意义结构的独特性"的："我们把社会看做是一种具有意义结构的生活系统，每一个这种意义上的社会都具有一种与真理的内在关联。因为，意谓结构之实在是基于有效性主张的特殊事实性之上的：从总体上说，这些主张是被不假思索地接受的——也就是说，它们是打包在一起被认为是已经实现了的。但有效性主张当然是可以被加以质疑的。这些有效性主张提出的是它们自己是能正当地成立的主张，而这种主张是可以被问题化的：它是可以被确认，也可以被拒绝的。这里的'真'我们当然是在相当广的意义上说的，亦即指的是其兑现与落空都有可能的一种主张所具有的合法性。因此，比方说，我们说的每一个意见或论断，也可以是一个希望；一个愿望或一个猜想是正确的还是正当的，说一个许诺或宣告是做得恰当的，说体面地给出了建议，恰当地采取了一个措施，说正确地做了一个描述或评价。在日常互动中，我们是不假思索地依赖于不计其数的这种合法性主张的。一旦出现落空的情况，从背景中凸显出来的，成为问题并受到核查的，永远只是一些单个的主张。"[1]

结构主义也把语言展示为一个无主体的非中心化的社会观的模型。但是，语法规则系统本身并不导致与真理的任何关联；真理只有在进行有关事态的交往时才发挥作用。语言的句法向度必须补充以语义的和语用的向度。如果某人想就世界上的某事与另一个人达成理解，他们的交往也可能因为无法理解或误解——也就是因为语法错误或因为他们缺少同一种共享的语言——而失败；但是，那个实际的话语施事（illocutionary）目标——也就是就某人对他人**所说的东西**与另一个人达成理解，只能在语义学和语用学层面上失落。从一个观察日常实践的社会学家的角度，交往的目标不是理解某个言语表达本身，而是**就所说的东西达成理解**。对一个说话者来说，如果她无法让听话者信服，如果她**缺少理由去驱散怀疑**，她就失落了这个目标。推理语义学（Die inferentielle

[1]　J. Habermas, *On the Pragmatics of Social Interaction*, p. 26f.

Semantik）（对此我只能在后面讨论）就是以这同一个观点作为基础的：因为交往参与者取向于实现理解这个目标，他们总是已经活动于他们愿意受其影响的理由的空间之中。

只是到了后来，我才处理语义学问题。我是从解释学开始的，最初遵循的是导向了形式语用学的那条路线（推论语言学最后导向的也是那里）。仍然是紧随卡尔-奥托·阿佩尔的步伐，我在《论社会科学的逻辑》中处理了如何理解伽达默尔和后期维特根斯坦著作中的意义理解（Sinnverstehens）这个问题。我把这个方法论问题引入行动理论，并把它与社会互动之交往网络的节点关联起来，使它获得了一个不同的但对于理论具有建构性的地位。把交往的社会模型与有关社会之构成的现象学理论和新康德主义理论联系起来，就可以看清这一点：一个只有用解释学方式才能走进其有意义结构之对象领域的社会科学观察者，与她所观察的那些行动者——他们是通过经由语言媒介的互动来生产和再生产社会（也就是社会科学中的理论的对象领域）的——是在同一个层次上活动的。[1]

交往的社会模型从先验概念策略那里继承了对自然科学中理论与对象之间隔离的克服。社会科学诠释者与他所观察的对象具有类似地位。他要能进行观察并理解他所搜集的资料，只能是以

---

[1] 要了解更详细的阐述，见 J. Habermas, *The Theoie des KommunikativenHandelns*, Frankfurt/M. 1981, B.I, 167ff。英译本：*Theory of Communicative Action*, trans. Thomas McCarthy, 2 vols（Boston, MA: Beacon Press, 1984, 1987）, vol. 1, pp. 113–17。

虚拟参与者的角色。但这样一来，让我们明了诠释活动的那些解释学洞见，就与对行动主体自己的诠释性实践的描述，有了直接相关性。在被观察的社会互动领域中承担着协调行动之负担的交往成就，与社会科学诠释者的诠释活动表现出同样的样态。

高斯演讲是这样一个基本概念工作的结果，它把我从韦伯的规范引导行动的概念，经过米德的以符号为中介的互动的概念，引向了"交往行动"的概念。但是，只要社会行动的层次与执行这些行动时所实施的语言活动的层次没有清晰区别开来，只要言语行为的协调行动的约束力还没有解释清楚，这个说法就仍然是成问题的。要改变这种情况，只能对形式语用学进行反思，对此我在第四篇演讲中做了概述。在那时，乔姆斯基的深层语法理论——它声称根据产生形式完整句子的那些规则重构了能力健全说话者（kompetent Sprecher）的语言能力——为我提供了一个交往能力理论的方法指导。我在1965年首次美国之行中"发现"了作为斯金纳语言行为主义之批判者的乔姆斯基，我对那种重构能力健全的说话者的进路，留下深刻印象。但我对语言能力本身的兴趣不大。在那时具有核心重要性的也已经是别的东西了[1]——也就是说，语言

[1] 见研讨会文献 "Vorbereitende Bemerkungenzurkommunikativen Kompetenz" 之说明，重印于 Jürgen Habermas and NiklasLuhmann, *Theorie der Gesellschaft oder Sozialtechnologie*（Frankfurt/Main: Suhrkamp, 1971），pp. 101–41。

活动的双重结构，以及约翰·塞尔的言语行为理论^[1]已经提醒我注意的日常交往的特有的自我指涉性："一种有可能在其中达成以相互理解的情境要求，至少两个说话者—听话者同时在**两个**层次上建立起交往来：一是主体之间**彼此**交谈的主体间性层次，一是主体们进行交往**所针对**的对象（或事态）的层次。"^[2]

要把"社会的生命过程作为一种经由语言活动的媒介而发生的创造过程"来把握，还必需有三个进一步的步骤：^[3]

● 借助于施为性动词而形成的话语施事（illokutionäre）^[4]成分，必须做一种重新定位，重新定位为可用商谈方式来

---

[1] John Searle, *Speech Acts*（Cambridge 1969）；德译本：Frankfurt/M. 1971。

[2] Habermas, *On the Pragmatics of Social Interaction*, p. 74.

[3] Habermas, *On the Pragmatics of Social Interaction*, p. 85.

[4] "Illokutionäre"这个词译者原先译成"语内行为的"（见《在事实与规范之间》（修订译本），哈贝马斯著，童世骏译，生活·读书·新知三联书店，北京，2014年9月，第4—5页），现改为"话语施事的"（参照《如何以言行事》，约翰·奥斯汀著，杨玉成、赵京超译，商务印书馆，2019年，第94页）；也就是说，哈贝马斯援引的英国哲学家约·奥斯汀区分的三种言语行为，locutionary act, illocutionary act 和 perlocutionary act，我想按照《如何以言行事》中译本的译法，分别译为"话语行为"，"话语施事行为"和"话语施效行为"（参见《如何以言行事》，第90页）。哈贝马斯自己曾对这三种行为做过这样的概括："……奥斯汀区别开来的三种行为的特征可以用下面几句话来表示：说**某事**；在说某事时做某事；**通过**在说某事时做某事而造成某事。"（Jürgen Habermas: *On the Pragmatics of Communication*, edited by Maeve Cooke, The MIT Press, Cambridge, Mass. 1998, 122）——译注

兑现的有效性主张之所在。因此，奥斯汀（J.L. Austin）最初参照制度性约束的言语行为的例子来分析的话语施事言语行为（illokutionären Akte），经历了一个超越塞尔之概括的功能转变。

● 随时可见的那些言语行为，必须在一个有效性主张的系统（即对于真实性、真诚性和正当性的主张）——这些有效性主张同时我也用于澄清日常交往之合理的内部结构（也就是"交往理性"的概念）——的基础上，根据相应的类别（叙述的、表达的和范导的）进行分类，并针对其连接不同行动者之行动的潜在的配对效力而加以考察。在塞尔那里扮演意义理论之角色的言语行为理论，此时应当对一种协调行动的机制做出说明。

● 交往行动，也就是那种其特征是以达成理解为取向的对于言语行为的对称使用的那种社会行动，必须进一步与商谈——参与者通过商谈对已成问题的有效性主张加以议题化——的反思层次，区别开来。对真实性主张的商谈性兑现（对此我结合斯蒂芬·图尔敏的论辩理论[1]做了考察），在我这里相当于一个雏形，由此后来（好像有点儿过

---

[1] Stephen Toulmin, *The Uses of Argument* (Cambridge: Cambridge University Press, 1964).

早[1]）形成了一种真理的共识论。[2]

　　把普林斯顿的五个演讲放在一起来看，这些概念分析显然至多是提供了餐具，而没有提供餐食。但是，我从形式语用学的方法论出发，把经过广义"真理论"诠释的交往视为产生社会秩序的根本中介，这就为我此时回答社会理论基本问题提供了一把钥匙。（1）指向彼此对立的行动协调方式的那个概念对子，"达成理解"与"目标导向"，开启了有关行动的诸多社会学概念的整个领域。（2）交往行动和生活世界的互补关系使得从行动理论走向社会理论的一步成为可能（3）。随后，三个进一步的问题可以借助于来自交往理论的反思而得到澄清：个人与社会之间关系这个经典问题用一个主体间性理论来回答（4），韦伯的社会理性化的概念扩展到目的合理性（purposive rationality）之外（5），理解型社会学的解释学进路通过一种理性重构的程序而得到深化（6）。最后，合理性理论在现代性之**哲学**商谈与**社会理论的**当代性诊断之间架起了桥梁（7）。

---

[1]　见《研读精选本》（*Studienausgabe*）第2卷导言（本书第二章）。

[2]　在去施塔恩贝格工作之前我为瓦尔特·舒尔茨祝寿文集写了文章，并应 Michael Theunissen 之邀在1971年秋季于海德堡的一个研讨会上发言，见 Helmut Fahrenbach [ed.], *Wirklichkeit und Reflexion*, [Pfullingen: Neske, 1973], pp. 211–66。

二

高斯演讲讨论"交往行动",选出了一种很难成功的互动形式。自我的行动与他者的行动之间的联系,随时会遭到一种可批判有效性主张被拒绝的可能性的破坏。但是交往理论的取向,则是从主要关注对有目的活动和理性选择的目的论结构做出说明的一些哲学的行动理论出发,导向关注社会秩序的互动性产生的社会学的行动理论。《交往行动理论》就是把"达成理解"作为这样一种协调行动的机制来做出说明的。[1]

一种言语行为提议所具有的动机力(die motivierende Kraft),并不取决于所说内容的有效性,而取决于说话者隐含地做出的那个担保,即必要时兑现其赋予了有效性的那个主张,是不是具有能协调行动的可信性。而且,言语行为理论提供的一些观点会显示有关行动的诸多社会概念的多样性之中的统一性。社会行动的范围包括"理性选择"、"策略行动"、"规范引导行动"和"戏剧性行动"。这些行动类型可以根据说话者分别从"第一人称"、"第二人称"和"第三人称"态度出发而采纳的诸个"世界指谓"(Weltbezügen/world references)而加以

---

[1] 以下段落中我提到的是在 "ErläuterungenzumBegriff des kommunikativenHandelns"(1982)中所做的概述,in Habermas, *Vorstudien und ErgänzungenzurTheorie des kommunikativen Handelns*(Frankfurt am Main: Suhrkamp, 1984),pp. 571–605。

区分。但是，因为现代社会的复杂性超过了行动理论的内部视角所能把握的限度，语言交往（连同价值和规范）作为"社会团结"的一种资源，必须得到作为社会整合机制的"权力"和"货币"的**补充**。"媒介导控之行动"是对于资本导控之经济和权力之行政的高度独立性的一种反映。

三

　　形式语用学的交往行动概念怎么可能发展为一个有经验用途的有关**社会**的交往理论，在高斯演讲中这一点仍然是不清楚的。在"行动，言语行为，以语言为媒介的互动，以及生活世界"一文中，我设法通过从社会行动的层次转到社会秩序的层次来确保基本概念之间的连续性。[1]作为交往行动之由语言构成的"背景"的生活世界的概念，对行动理论与社会理论之间的这种联系，具有核心的重要性。在这里，塞尔的工作，他对胡塞尔的生活世界概念做语言学的诠释，被证明是很有帮助的。[2]在一个既定语境当中，标准化的语言表述的字面意义，是必须得到一种按照确定性模态起作用的在先的、整体的、隐含的

---

[1]　Habermas, 'Actions, Speech Acts, Linguistically Mediated Interactions, and the Lifeworld', in Habermas, *On the Pragmatics of Communication*, ed. and trans. Maeve Cooke（Cambridge: Polity, 1988）, pp. 215–56.

[2]　Searle, *Expression and Meaning*（Cambridge: Cambridge University Press, 1979）, ch. 5.

"技能之知"（Wissen Wie/know-how）的补充的。尤其是，这种由主体间分享的习以为常的假设构成的背景，对生活世界为什么能够消化时时出现在以可批判有效性主张作为媒介的交往当中的异议风险，提供了解释。

但是，从一个形式语用学的生活世界概念发展出作为"符号构成的生活世界"的社会概念，还需要增加一系列步骤：

● 形式语用学构想出这样一幅生活世界的图景，它是可以通过其成员的交往行动而再生产出来，而日常交往之参与者反过来也依赖于这个通过语言得到表述的生活世界背景。当然，这个循环过程并不自恋地排斥交往行动者在彼此相处和处理有风险环境中的各种经验。生活世界在具有揭示世界功能的语言中做了预先投入，它并不会对因语言而可能的此世学习过程[1]的追溯性修正能力无动于衷。虽然这些过程的结构最初是必须从参与者视角借助于形式语用学加以澄清的，但正因为这样，这个结构就为一个在经验层面考察现存社会文化生活形式——作为诸多"生活世界"之一——的社会科学观察者，提供了一种概念导向。

---

[1] 英译本对应此处的是"**inner-worldly learning processes stimulated by surprising experiences**"，意为"由惊人经验所激发的此世学习过程"。——译注

● 从重构能力健全之说话者的"技能之知"的哲学家的参与者视角，向一个客观化思维的社会科学家的视角的转化，是由于这样一种分化才得以可能的，它以言语行为和有效性主张的诸个类型为基础，把幽暗的生活世界背景分解为具有形成共识能力的诠释性方案（文化知识）、有合法秩序的人际关系（社会团结之资源）和人格结构（社会化的产物），从而使之有可能进行经验研究。[1]

● 以"社会性整合和系统性整合"（两者通过行动理论而在概念上联系起来）之间的区别作为一个模型，社会科学的系统概念可以与生活世界的概念联系起来。[2] 由"权力"和"市场"媒介导控的社会关系也可能采取以语言为媒介的互动的外观；但是作为这些子系统的理性参与者的行动者们，照例会基于其个人偏好追寻其实践目标。[3]

四

进一步说，交往进路对一个胡塞尔在意识哲学前提下无法

[1] 要了解更详细的介绍，见 Habermas, *Theory of Communicative Action*, vol. 2, pp. 135–40。

[2] 关于这点，见 *Theory of Communicative Action*, vol. 2, pp. 256–82。

[3] 关于这点，见 *Theory of Communicative Action*, vol. 1, pp. 273–344。

解决的问题提供了答案。在《笛卡儿的沉思》中，他无法表明，从诸多"原初自我"的先验单子的自我论视角出发，如何能产生出主体间分享的生活世界。[1]这个哲学问题，作为心灵主义和语言哲学之间范式争论的基础，对于我在别处比较详细地讨论的那个社会理论问题[2]——个人与社会之间的关系可以如何理解，也具有决定性意义。

在受到黑格尔影响的美国实用主义传统中，乔治·赫伯特·米德从以符号为媒介之互动的出现条件中发展出了主体间性的概念。根据米德，符号是通过相互的行为期待来施行协调行动的决定性语用功能的，而通过施行这种功能，符号在所涉及的行动者当中确立了对于这些符号的语义内容的共享理解。对互动双方具有同样意义的规范互动的符号的语用成功，为从中产生出一种主体间共享的世界理解的那些共同实践的语义内核，提供了说明。

对他者和自我之间对所期待行为达成理解的主体间性的这个研究进路——它首先绝不是语言理论的进路，而是互动主义的进路——米德把它与发育中之个人与他或她自己的关系的个

---

[1] Michael Theunissen, *The Other: Studies in the Social Ontology of Husserl, Heidegger, Sartre, and Buber*, trans. Christopher Macann（Cambridge, MA: MIT Press, 1984），pt. I.

[2] 'Individuation through Socialization', in Habermas, *Postmetaphysical Thinking*, trans. William Mark Hohengarten（Cambridge: Polity, 1992），pp. 149–204.

体发生机制，联系起来。这种精巧的联系，使他有可能以一种辩证的方式展开个人与社会之间的关系。成长中的人在社会化的过程中，通过成长进入其社会环境的越来越复杂的各种关系之中，并学会用越来越高程度的反思性和相应的自我间距化，来支配越来越抽象的各种角色，而成长为一个不可替代的行动主体和独一无二的个人。可以追溯到青年黑格尔的"通过社会化而个体化"这个费解的观念，可以借助于形式语用学的工具，通过与第一人称代词"我"之使用施为地相伴随的那些意义，而得到更加确切的说明。

五

有关产生于文化和社会现代化过程的社会病态的社会理论反思，在哲学语境中并不是讨论议题。[1] 但要用哪个标准来批判一种业已脱轨的现代化形式，则是另外一回事。我曾设法从行动合理性的诸多方面引出这样一种规范性基础，[2] 所以，我们不妨来简单回顾一下这个问题的相关的社会进化背景。按照马克斯·韦伯的社会理性化理论，早先的批判理论关注的，是已经

[1] Habermas, 'Reflections on Communicative Pathology', in *On the Pragmatics of Social Interaction*, pp. 129-70.

[2] Habermas, 'Aspects of the Rationality of Action', in Theodor F. Geraets (ed.), *Rationality Today* (Ottawa: University of Ottawa Press, 1979), pp. 185-204.

独立于其功能语境的目的合理性的种种症状（这种分析后来以更激进的形式表现在一种"启蒙辩证法"的诊断。）在《交往行动理论》一书中，这种"工具理性"批判被代之以"功能理性"批判，也就是一种对已经独立于生活世界之交往合理性的系统合理性的批判。然而在我看来，每种新的系统机制和自我导控能力的出现，总是取决于通过逐步展开的"生活世界合理化"而首先在进化的门槛处开启的那些活动空间。社会文化发展不同于**自然**进化，自然进化仅仅是偶然发生的，而社会文化发展则是一些**定向的**解决问题过程和学习过程。**社会也在学习——**通过利用包含在世界观念之中的道德观念和法律观念，形成越来越广泛的社会性整合形式。[1]在现代社会中，系统与生活世界的脱钩到了这种程度：仅仅生活世界的**媒介化**（Mediatisierung）就可能变成**殖民化**（Kolonialisierung）。一旦系统迫令侵入文化再生产、社会整合和社会化的核心领域的程度，大到伤害基于交往行动的生活世界之符号再生产的整全性的地步，就会出现一些病态症状。"过分"货币化或科层化过程，意味着经济系统或行政系统的功能迫令之满足，导致对合理化潜能不成比例的

---

[1] *Theory of Communicative Action*, vol. 2, pp. 312–18. 见 HaukeBrunkhorst, *Habermas*（Leipzig: Reklam, 2006），p. 88, 其中以反讽语气提到 Gehlen："不仅有地窖里的原始人类和屋顶上的高级文化；介于两者之间的还有这样一些社会生活形式，它们的进化在相当程度上取决于道德–认知的学习过程的随机变异，其选择性的结果因此是要用制度来加以稳定的。"

消耗，是以社会团结之生活世界资源为代价的。[1]

上述诊断的基础，是一个把社会看作是一系列步骤的社会进化理论[2]，它为回答以下问题提供了基础："一种生活形式如何成为理性的？"[3]生活世界的理性的内在结构对功能系统的系统迫令来说是一种抗衡；尤其在这种系统迫令仅仅表现在系统性扭曲的交往的病症之中的时候，交往行动的理性潜力在这样的生活世界中得到展开。[4]

六

韦伯把现代化理解为社会理性化，这种观点的基础假设，是理性结构是体现在空间和时间当中的，经验研究是可以证明理性结构是运作于社会实践方式之中的。[5]面对这样一种高难度要求，社会科学必须采取一种重构的进路。它必须把可通

[1] *Theory of Communicative Action*, vol. 2, pp. 318-31.

[2] Habermas, *Communication and the Evolution of Society*, trans. Thomas McCarthy (Cambridge: Polity, 1984) , pp. 95-177.

[3] Habermas, 'Was macht eine Lebensform rational?' in *Erläuterungen zur Diskursethik* (Frankfurt am Main: Suhrkamp, 1991) , pp. 31-48.

[4] Habermas, 'Reflections on Communicative Pathology', in *On the Pragmatics of Social Interaction*, pp. 129-70.

[5] Wolfgang Schluchter, *Die Entwicklung des okzidentalen Rationalismus: Eine Analyse von Max Webers Gesellschaftsgeschichte*(Tübingen: Mohr Siebeck, 1979).

过意义诠释而抵达的多样符号表达和对象的表层之下的深层结构，揭示出来。例如，如果我们要从这种重构角度形成一种这样的科学史，解释为什么有些理论在它们当时被接受为是有说服力的，我们就需要一种对语境有敏感性的科学论，来描述研究活动方式的理性的内在结构。与此类似的，要有一个道德理论去理解以实验方式形成的、作为问题解答的道德判断，并把这种判断所需要的相应能力的发生过程作为一个学习过程来理解。韦伯因此就把法律体系和司法实践方式或那些主要的世界性宗教的以神为中心的、宇宙论的世界观，理解为理性化程度或高或低的针对社会冲突或基本的生存需求的解决方案。[1]

在这个语境中，有必要把这种重构的方法论程序与人文学科的解释学进路做一个对比。[2]首次在1970年代问世的社会学的"诠释学转向"，起初为我提供了一个机会去指出，社会科学面对其具有符号结构的对象领域，原则上必须寻找一种诠释学的通达模式。然后我借助于哲学诠释学和语言哲学两方面的洞见，去重温意义理解过程的施为性质，重温诠释者探及其对象的那个参与者视角。这并不会毁坏意义理解的客观性，因为诠

---

[1] 亦见 Klaus Eder, *Die Entstehung staatlich organisierter Gesellschaften* (Frankfurt am Main: Suhrkamp, 1976)。

[2] On 'reconstructivefunctionalism', see Bernhard Peters, *Die Integration moderner Gesellschaften* (Frankfurt am Main: Suhrkamp, 1993) , pp. 396ff.

释者也可以以一个虚拟参与者的角色——一定程度上作为一个对话参与者——来达成不偏不倚的判断。所有诠释者都活动在理由的空间当中；而只要诠释者对他或她最初用来使得被诠释项可以理解的那些理由加以权衡，每个诠释就都是理性的。

这样一来，诠释的理性性质揭示了一种内在于符号对象之中的合理性（Rationalität），一种这些对象主张拥有的但它们有时缺失的合理性。重构与日常诠释不同；重构的目标并不直接指向一个特定文本或表达式、一个特定制度或行动方式、一个社会过程或人造物件（不管是一把彼德麦式样的椅子[Biedermeierstuhl]还是一幅抽象画）的意义或内容。相反，它指向的是这些符号对象据以产生的那些规则，以及可以用来对它们做评价——或者承认其为"（能力）健全的"，或者批评其为"缺损的"——的那些标准。[1]掌握了这样一些生成规则和标准的个人，就拥有了某些能力。在绝大多数情况下，这些能力就是认知能力、语言能力或实践能力本身——毕竟，从柏拉图的时代开始，这些能力就一直是哲学中的概念分析的工作领域。

因此，作为"重构性理解"之范例的，就是哲学；为"重构性理解"提供例证的，就是对只是以非议题化的施为的方式

---

[1] Habermas, 'Reconstruction and Interpretation in the Social Sciences', in *Moral Consciousness and Communicative Action*, trans. Christian Lenhardt and Shierry Weber Nicholsen (Cambridge: Polity, 1990) , pp. 21–42; see also: 'Philosophy as Stand-In and Interpreter', ibid., pp. 1–20.

伴随着行动的那种直觉性"能力之知"进行分析的哲学。哲学加以阐释的，是人们在做出真实判断和得出正确结论时，在产生出合乎语法的句子并且正确地把它们用于交往时，在合乎道德或合乎目的合理性地行动时，在形成一种真切的自我理解时，等等，所拥有的那种知识。但与哲学重构不同的是，基于经验的重构性理论的出发点，并不是判断、言语行为或言语行动的理想化范例；相反，它们从那些在一个用诠释方式揭示的对象域中**遭遇到的**经验现象出发，以便根据其可能性条件来理解它们，并同时根据它们所属范围中合理性程度的高低对它们加以评价。这要求在因果说明程序和重构程序之间有一个具体分工，对此我是用科尔伯格的儿童和青少年道德意识发展理论作为例子来加以说明。

七

最后，交往行动理论不仅为马克斯·韦伯所提出并在西方马克思主义当中继续讨论的合理性问题提供了恰当视角。这个视角也为我们提供了宝贵洞见，以理解批判的社会理论为什么起源于从康德到黑格尔所运用的理性批判。出发点是一种新的激进化的时间意识[1]向哲学思考所提出的挑战。这种经历迫使哲

---

[1] 英译本此处加"around 1800"，意为"1800年前后"。——译注

学——此时它已具有了后形而上学的清醒头脑——来面对一个全新的议题：对已与传统脱钩的现代性的自我理解。与此同时，在康德以后，规范导向的源头只剩下了理性的自我批判。实践理性的力量此时已穷尽于理性法和理性道德之中。有关良好生活和正义社会的古典学说，伦理和政治，当然仍然是属于同一个路数的，但是后形而上学思维已经不再相信自己有能力挑选出一种应视为**具有普遍约束力的共同之善模式**了。

与此同时，新的历史意识放在哲学面前的，是一个有待塑造的未来的多样偶然性。它更加尖锐地意识到，它越是断然拒绝需要形上答案，就越有更多的导向必要。因此，随着每一个当下情境中实践导向之必要性越来越尖锐，哲学除了其经典学科分支的那些熟悉的任务之外，还承受了"在思想中把握其时代"这样一个新的议题。正如我在评论社会理论的两个传统[1]时所表明的那样，通过理性批判而对现时代进行这样一种分析，黑格尔之后的哲学是理解这个任务的，但此后它只是在与社会学这个差不多相同时间出现的学科的分工当中，处理这个问题。经由黑格尔、马克思、马克斯·韦伯和乔治·卢卡奇直到早期批判理论的跨学科研究纲领的这个发展过程，在《启蒙辩证

---

[1] Habermas, 'Conceptions of Modernity: A Look Back at Two Traditions', in *The Postnational Constellation*, ed. and trans. Max Pensky (Cambridge: Polity, 2001), pp. 130-56.（作者在原文注释中只提到收录该文章的书名，此处根据英译本补全信息。——译注）

法》[1] 的自我指涉的总体化理性批判当中，达到了顶点。黑格尔赋予现代性之自我理解的这个具有持久效果历史影响的问题提法，因此也走到终点。今天，社会学好像仅继承了一半的遗产。

两个成果最丰富的理论进路，理性选择理论和系统功能主义理论，仍然主张要对作为一种理性化的西方现代化过程，提供经验说明，但它们对合理性理论只做狭隘理解，而与实践哲学[2] 的发展脉络完全分离开来。[3] 而与此相反，海德格尔则就理性批判的遗产大做文章，并通过用其他手段来延续现代性批判的纲领——后期维特根斯坦和他的情境主义追随者也是这样。但是，这些倾向于对现时代做后现代诊断的进路，至多是为文化研究而非社会科学提供了出发点。

在那个时候[4]，对现代性做自我理解这种功能，从哲学转到

---

[1] Habermas, *The Philosophical Discourse of Modernity: Twelve Lectures*, trans. Frederick G. Lawrence（Cambridge: Polity, 1987），pp. 106-30.

[2] 英译本与"实践哲学"对应的是"modern moral and legal theory"，意为"现代道德理论和法律理论"。——译注

[3] Axel Honneth, 'Verflüssigung des Sozialen', *Neue Zeitschrift für Sozialforschung* 2（2008）: 84："人们很容易得到这样的印象，即近来的社会学……已经一劳永逸地不理会其奠基元老们了；而相反从韦伯和涂尔干到塔尔科特·帕森斯，对社会世界的恰当的基本看法只有通过使用道德理论的概念、模式和假设才能形成，这一点都被认为理所当然了。"

[4] 英译本中此句开头为"Around the time of Hegel's death"，意为"黑格尔去世前后"。——译注

了社会学，[1]而非其他社会科学分支，比如政治经济学，政治科学，宪法学或人类学。[2]社会理论（Gesellschaftstheorie）之所以出现[3]，是由于相关因素的一种偶然汇聚。尤其是从所谓"文化科学转向"开始，这种共生状态消失的征兆越来越明显。在这个学科的课程当中，社会理论被拽进了"经典著作"的边界之内，因此在整体上被历史化了，[4]而一个高度专业化并且内部有分化的专家共同体，则把它与实践之间的关系，看做为实务精英们提供经验上可靠的建议——而不再是有助于古典意义上的对集体自我理解的澄清。对于现代性的话语来说，这可以意味着一种损失，但它也可以是一次机会。一种学习能力强的哲学，愿意与**所有**人类科学都进行没有偏见合作，而现代性的话语会从中受益。而自我反思的功能如果交给一种自恋地拒绝与那些经验性学科进行认真分工的哲学，那么，就如同讨论所谓后现代主义的那个十年所表明的，通向自娱自乐的大门，是敞开着的。[5]

---

[1] 赫伯特·马尔库塞对这个过渡有一个出色说明，见 Herbert Marcuse, *Reason and Revolution*(Boston, MA: Beacon Press, 1960)。

[2] 一个例外是法国，在1960年代，结构主义人类学曾经短暂地代替社会学发挥这种作用。

[3] 英译本中，"社会理论"前加修饰语 "in the classical sense"，意为"古典意义上的"。——译注

[4] 这 并 不 排 除 像 Hans Joas 和 Wolfgang Knöbl 在 *Sozialtheorie: Zwanzigeinführende Vorlesungen*（ Frankfurt am Main: Suhrkamp, 2004 ）中做的那种严肃介绍。

[5] 参见 Simon Susen 在以下著作中对近况的概述：*The "Postmodern Turn" in the Social Sciences*(New York: Palgrave Macmillan, 2015)。

�kh' 第二章

合理性理论与语言理论[1]

---

[1]　这个标题的德文原文是 Rationalitäts- und Sprachtheorie；英译本则为：Theory of Rationality and Theory of Meaning，直译是"合理性的理论和意义理论"。——译注

我最初讨论商谈理论和语言理论中的一些问题，是在社会理论的语境当中。在黑格尔-马克思的传统中，社会被理解为一个总体。但对于功能分化的社会——常被称为"异质（heterarchisch）"社会——的去中心化特质来说，这种观念不再合适。而且，我还得设法为霍克海默和阿多诺的已经疑问丛生的理性批判找一个出路，并且搞明白社会批判的规范性基础。[1]对这两个挑战，我的回应是批判理论中这样一个"语言学转向"，它把合理性理论的视角，与语言理论的视角，结合为一个富有规范含义的理解观。[2]这个进路最初在方法论层面受到了乔姆斯基语言能力理论的研究进路的启发，在语言理论层面受到了塞尔的言语行为理论（Theorie der Sprechhandlungen[3]）的启发，而就合理性理论而言，则受到了当时在牛津引发的有关真理符合论的争论的启发。[4]

　　那种社会学形成语境[5]，为这种语用学进路提供了说明："达成理解"在此层面作为一种在互动中协调行动的机制而得到关注。在把说话者与采纳"是"或"否"立场的听话者连接起来的那条交往之链上，理解一个言语行为代表的，仅仅是其中的一个环节。两个对称地相互连接着的活动——自我发出表达式和他者采纳立场——是通过"连接"互补的实践意向而使社会行为成为可能的交往形式的一些基本单元。我称为"交往行动"的，是这样一种以语言为媒介的互动，它是通过把以理解为导向的语言使用置于社会互动语境之中发挥功能而发生的。虽然对有规范内容的社会理论[6]的奠基来说，这可能已经足够，但"达成理解"（Verständigung/reaching understanding）这样一个笼统概念，必须做更仔细的分析。在完成了《交往行动理论》并结束一个专做研究的时期又回到大学教哲学以后，我有时间专注于讨论意义理论、合理性理论和真理论。[7]从一种以交往

[1] 见《研读精选本》第1卷导言（本书第一章）。

[2] 英译本中，对应于"理解观"一词的是"conception of **'reaching mutual understanding about something in the world'**"，意为"'就世界上某物达成相互理解'的观念"。——译注

[3] 英译本对应于"言语行为理论"的是"theory of speech act"。——译注

[4] Jürgen Habermas, 'What is Universal Pragmatics?', in Habermas, *On the Pragmatics of Communication*, ed. and trans. Maeve Cooke（Cambridge: Polity, 1988），pp. 21-104.

[5] 英译本中对应于"那种社会学形成语境"的是"**The sociological context of my research**"，意为"我的研究的社会学语境"。——译注

[6] 英译本中，对应于"有规范内容的社会理论"的是"a critical social theory"，意为"批判的社会理论"。

[7] Ernst Tugendhat 写了 *VorlesungenzurEinführung in die sprachanalytische Philosophie* 一书（Frankfurt am Main: Suhrkamp, 1976）；英译本：*Traditional and Analytical Philosophy: Lectures on the Philosophy of Language*, Cambridge: Cambridge University Press, 1982）；我与他在施塔恩贝格的马普研究所时的合作，当然已经导致了有关语言理论问题的深入讨论。

理性为核心概念的哲学角度来看，语言理论和意义理论（第一节），在汇聚为交往理性的合理性的各个方面（第二节），以及真之商谈论（第三节），它们之间存在着内在关系。最后，对语言的再现功能（Darstellungsfunktion）做形式语用学的理解，也有本体论和认识论方面的意蕴（第四节）。

一　形式语用学

我先是借助于诠释学与分析的语言哲学的相遇来对"达成理解"这个概念做历史说明，[1]然后形成一个基于对三种彼此竞争的意义理论之批判的形式语用学进路。[2]多亏了分析哲学的兴起，以意义理论外貌出现的语言理论在二十世纪成了哲学中的核心学科之一（尽管在这过程中，自从蒯因[Willard Van Orman Quine]和戴维森去世以后，随着认知科学的影响越来越大，重心又发生了转移）。紧接着第二次世界大战结束在德国做研究的那一代人，发现自己面对的当然是这样一个交叉路口，一边是分别围绕鲁道夫·卡尔纳普（Rudolf Carnap）的科学哲学和维特根斯坦那时刚刚出版的《哲学研究》的两个分析

---

[1] Habermas, 'Hermeneutic and Analytic Philosophy: Two Complementary Versions of the Linguistic Turn', in Habermas, *Truth and Justification*, trans. Barbara Fultner (Cambridge: Polity, 2003), pp. 51–82.

[2] Habermas, 'Toward a Critique of the Theory of Meaning', in Habermas, *Postmetaphysical Thinking*, trans. William Mark Hohengarten (Cambridge: Polity, 1992), pp. 57–87.

潮流，一边是哲学诠释学。对我们来说最现成的选项是海德格尔，他是那时哲学舞台上最有影响的人物。随着他从生存本体论（Existentialontologie）向语言的存在之史（Seinsgeschichte）的"转向"，他也赋予语言一个核心角色，作为"存在之家"，甚至让这个存在之喉舌（das Sprachrohr des Seins）具备了理解当代社会发展和政治发展的诊断性意义。

从历史的角度看，这种语言哲学转向标志着一个双重遗产。一方面，海德格尔袭用了从约翰·古斯塔夫·德罗伊森（Johann Gustav Bernhard Droysen）和威廉·狄尔泰回溯到弗里德里希·施莱尔马赫（Friedrich Schleiermacher）的诠释学传统；另一方面，在他后来郑重其事地把本体论的变形和西方形而上学的转向说成是"存在之命运"的时候，他捡起了洪堡对语言世界观的看法。阿佩尔和我最初是被罗特哈克引入了这个德国历史学派的世界，后来则熟悉了上面提到的两个分析哲学流派。后面这两个传统依赖于其共享的弗雷格的逻辑语义学传统，但它们从移民美国和英国之后又作为竞争者回到了战后德国。

我对如何理解语言意义的问题的兴趣，与有关社会科学之逻辑的种种问题相联系，而这又引导我去涉猎分析的科学哲学。皮尔士有关探究逻辑的经典工作尤其重要，[1]因为皮尔士的

---

[1] Habermas, 'Peirce and Communication', in Habermas, *Postmetaphysical Thinking*, pp. 88–114.

康德式实用主义突出了对逻辑语义学的纯粹方法论运用会迫使我们走错的那个抽象步骤。卡尔纳普将理论语言置于逻辑分析之下，但他把规则支配的探究实践排除在理性重构领域之外，把它丢给了经验研究。他的形式分析恰恰在可以在语用层次上开始的地方，却戛然而止了。其结果是，对皮尔士的探究逻辑来说具有核心意义的研究者共同体的合作，失去了理性的、规则支配的实践方式的那种尊严，而不同科学学科的对象领域的构成恰恰也根植于此。阿佩尔的先验语用学的基础就是对这个向度的诠释学恢复。[1] 同样，阿尔布雷希特·韦尔默（Albrecht Wellmer）对波普尔的《科学发现的逻辑》的批判，从研究语用学的理性内核出发对同一种语义学抽象进行了争辩。[2]

另一方面，维特根斯坦后期哲学提供了与海德格尔诠释学做比较的一个点。维特根斯坦对语言游戏的分析提醒人们关注语言使用的语用向度。他把语言理解设想为通过进入一种由语言赋予结构的生活形式而获得的实践能力。从这个视角出发，先验主体的建构性认知活动就被去升华（entsublimieren）和扩展了，变成了此时**身处世界之中**的有能力说话与活动之主体的

[1] Karl-Otto Apel, 'Sprache und Wahrheit in der gegenwärtigen Situation der Philosophie'（1959）, in Apel, *Transformation der Philosophie*, vol. I（Frankfurt am Main: Suhrkamp, 1973）, pp. 138–66.

[2] Albrecht Wellmer, *Methodologie als Erkenntnistheorie: Zur Wissenschaftslehre Karl R. Poppers*（Frankfurt am Main: Suhrkamp, 1967）.

"去先验化的"但仍然受规则支配的实践方式。康德移至本体领域的先验意识的建构成就被去先验化了，从这个视角来看，一方面是维特根斯坦的那些延伸到**社会空间**中去的语言游戏多元论，另一方面是海德格尔的在本体论上或语法上具有前结构的各种世界诠释的**历史**序列，两者之间存在着再清楚不过的对应性。两位作者都赋予语法（在维特根斯坦的意义上）或语言本体论（在海德格尔的意义上）以一种生成世界的自发性（eine welterzeugende Spontaneität），也就是构型多样生活形式、揭示划时代世界观的能力。把这两种最有影响的二十世纪哲学结合起来现在已经是很普通的主张了，而阿佩尔是最早提出这种主张的同事 [1] 之一。[2]

语言学转向的这两个互补版本 [3]，向我们说明了基于对源自洪堡和弗雷格的那些传统之批判性袭用的形式语用学的理解 [4] 观的发展过程。对海德格尔和维特根斯坦来说，语言拥有一种类似于先验主体之自发性的形成世界的自发性（weltbildende Spontaneität）。但是，两位思想家都使语言的世界揭示功能和生

---

[1] 英译本中对应于"同事"的是"philosophers"，意为"哲学家"。——译注

[2] Apel, *Transformation der Philosophie*, pp. 225-75.

[3] 英译本此处增加 **"hermeneutic and analytical"**，意为"诠释学的和分析的"。——译注

[4] 英译本中对应于"理解"的是"mutual understanding"，意为"相互理解"。——译注

活形式的语法免疫于**内在于世界的**学习过程的修正力量。对这种"意义之先天性"（Sinnapriori/apriori of meaning）的优先性的批判，让我们想起的是洪堡已经认可其相对于语言的世界图景的语义学的独立分量而言的"谈话"（Gespräch）的逻辑。[1]

交往的这种理性特质既基于行动者从其应对世界之努力中所学到的，也基于商谈参与者**相互之间**所学到的。由一种揭示世界的语言所推进的范畴性前理解，是会受到通过学习过程而过滤的世界知识[2]的修正压力的。这意味着对用语用学进路去处理意义与有效性之间关系的认可，而达米特的认知性真理语义学也是通过这种进路而往前发展的。从根本上说，形式语用的意义理论说的是，对一个表达式，如果听话者知道在哪些条件下与它同时提出的那个有效性主张是可以理性地接受的，他就对它有了理解。

对这个命题我是通过批判三种意义理论而加以发展的，这三种意义理论对语言表达式之意义的理解，分别是：

- 从所意指者之为意向性意义的角度，或
- 从所言说者之为句子意义的角度，或

---

[1] 英译本中对应于"'谈话'的逻辑"的是"logicof 'conversation' and argumentation"，意为"'谈话'和论辩的逻辑。"——译注

[2] 英译本中对应于"世界知识"（Weltwissen）的是"new empirical knowledge"，意为"新的经验知识"。——译注

● 从日常语言使用之为行动语境中的表达式意义的角度。[1]

这三种语义学进路都分别聚焦于语言的一种功能，并且忽视了这些功能之间的关联，为说明这一点我求助于卡尔·布勒的语言三功能模式[2]。虽然言语行为理论避免了这个弱点，但这个理论的语义版本——塞尔是这种理论的首要代表——的局限性，在他设法对言语行为提出一种恰当分类的时候，就很明显了。[3] 只是到了形式语用学把对命题之理解诠释为是达成理解活动的一个功能，才突出了达成理解活动中"对他人"传达"有关某物"的"某人的意思"这三个同样是原初性的向度。因此，在语言表达式与下述方面之间有一个**三重**关系：它意谓什么，它如何被使用，它里面说了什么。

与这三个向度相对应的是这样一些有效性主张：意向或经验之表达的"认真"或"真诚"，规范上"恰当的"或"正确的"人际关系的产生，事态之"真实的"再现。如果我们考

---

[1] 只是到了后来我才琢磨理查德·罗蒂在1971年就已经引起我关注的唐纳德的著名的真之理论；见 Habermas, *Truth and Justification*, pp. 112–21。

[2] 此处英译本在括号中加了一段说明，可译为："(语言同时发挥以下三种功能，即表达说话者意向，再现一个事态，请求听话者启动和进入与说话者的某种特定关系。)"——译注

[3] 关于赛尔对意向论语言观的批评，见 Habermas, "Comments on John Searle's 'Meaning, Communication, and Representation'", in *On the Pragmatics of Communication*, pp. 257–76。

察一下言语行为是可以怎样**整个儿**被否定的（而不是只否定其单个成分或单个预设），我们所抵达的恰恰是这三个有效性主张——真诚性（Wahrhaftigkeit）、正当性（Richtigkeit）和真实性（Wahrheit），它们瞄准的是主体间认可，但同时也是可批判的。对有效性主张的取向属于**可能之交往**的语用条件，因为取向于达成理解的语言使用的话语施事目标，是根据听话者能否接受说话者以主题化方式提出的有效性**主张**来估量的。当然，意义理论要澄清的只是语言表达式之理解的条件。但是，把语言用于交往的首要目的，是一个语言共同体的成员应该从他们的生活世界之内就他们在世界上遭遇的某物**达成理解**。因此，理解一语言表达式的条件指向的是借助于该表达式**有可能**实现的对世界上某物之相互理解的可能性条件。理解一表达式，意味着知道怎么（在何种条件下）**能**用它与他人交往，并对某物达成理解。

现在如果我们把达成理解这个目标理解为"理性驱动的"同意（它适用于理解"情况确实是否如此"这个典型事例），那么达米特从认知角度诠释的真之语义学就可以被扩展和推广到上面提到的所有三个有效性主张去。一个表达的意义是通过其有效性条件而得到说明的；但是我们不能无视在什么样的条件下，听话者可以认识到有效性条件得到了满足，并能说出为什么承认的理由。说话者为所说的话向听话者提出的有效性主张，就是以这样的理由为基础的。在这过程中，说话者含蓄地诉诸他认为他可以依赖的相应的潜在的理由——如果听话者拒绝说话者对有效性的主张的话。这些理由**诠释了**有效性的条件，并在此程度上它们自己也属于使一表达式可被认可的条件。如果涉及的是表达性言语行为（expressiver Sprechhandlungen），上面所说的理由当然就是间接的，因为说话者之自我再现的真诚性，说到底是只能根据后续每次行动的一致性的连贯性来证实的。

但如果涉及的是叙述性（konstativer）和范导性（regulativer）的言语行为，理解那个表达，就包括着知道说话者可以在商谈中——也就是在规则支配的理由交换过程中——兑现其有效性主张的**那类**理由。这也是那个可以回溯到威尔弗雷德·塞拉斯（Wilfrid Sellars）版本的推论语义学（inferential Semantics）[1]的出发点，并且让我们关注隐含在词汇中的那个逻辑关系网络（因此也关注日常语言的揭示世界的功能、关注对生活世界背景的相应构成）。如果我们记住对一可批判有效性主张的理性驱动的同意的复杂要求的话，形式语用的意义理论可以被浓缩为下面这条实用法则：对一个表达有了理解，是当我们知道了什么使它可以被理性地认可（以及它被认可后会有什么实际结果）的时候。

---

[1] 见 Robert B. Brandom, *Making it Explicit: Reasoning, Representing, and Discursive Commitment*（Cambridge, MA: Harvard University Press, 1994）。

二　交往合理性

对意义理论来说，一语言表达式之理解是"被说明项"。作为"说明项"，形式语用学使用的是"合理的可认可性"（rationalen Akzeptablität）的概念——其含义是担保对真理性主张和类似于真理的有效性主张做出"商谈性兑现"（diskursive Einlösung）。显然，这个说明项本身是有必要加以说明的。但这并不必然导致恶性循环，如果我们把这样一种交往合理性的理论又进一步建立在来自语言语用学的洞见的基础上的话。比方说，用施为性动词的类别来说明有效性主张，为考察商谈、考察用来兑现有效性主张的论辩模式，提供了引导。合理性理论和意义理论是相互支撑的。

从与赫伯特·施耐德巴赫（Herbert Schnädelbach）的讨论开始，我考察合理性和达成理解这两者之间的联系，提出"交往合理性"应该被理解为合理性的三个"根源"之一。[1] 从一开始，哲学传统就分别处理陈述的**认知合理性**（epistemischen Rationalität）、行动的**目的合理性**（teleologischen Rationalität）和**良善**生活方式或**正义**实践方式的**伦理和道德合理性**（ethischen und moralischen Rationalität）。表达式和行为方式的合理性的

---

[1]　Habermas, 'Some Further Clarificationsofthe Concept of Communicative Rationality' （1996）, in *Onthe Pragmatics of Communication*, pp. 307–42.

意义指向陈述的真，指向干预的成功或价值取向的成功和规范的正义。但是，用来**衡量**合理性的仅仅是**总是可以用得上的理由**——这些理由在一定情形下表明，一个事态是可以被再现的，或一个目的是可以实现的，或一个生活计划是并非失败的，或一种实践方式是正义的。观点或意向，良善生活观念或正义行动观念，如果它们是得到好的理由支持的，它们就是"合理的"——而不管它们是否为真的、有效率的，不管它们说到底是否为恰当的或正当的。

理由，就像语言本身，并非只是私人拥有的东西；一旦发生争议，理由是好是坏，只有在一个规范支配的论据交换论坛中加以决定。因此，对于上述不同形式的合理性在其中汇聚和融合于一体的那种复杂形式的合理性来说，关键是要求其参与者对成问题之有效性主张采取一种反思态度的那种论辩实践。这样一种实践方式要求有一种规格严密的交往形式，这种形式又可以进一步被理解成一种反思形式的交往行动。因此，商谈合理性的起源就在于那个以有效性本身为导向的行动之中的"交往合理性"。以达成理解（其表现是对有效性主张的有见地认可）为导向的——说到底是以更好论据的"非强制的强制力"为基础的——那种话语的统一化能力，追溯到底就是铭刻在这种合理性中的那个最终目的（Telos），亦即理性驱动的同意（rational motivierten Einverständnis）。

前面提到的文本[1]根本上处理的是这个问题：不同形式的合理性是如何彼此契合的。因为伦理道德问题指向的是**社会化**个人的生活取向和实践取向，并且内在地依赖于通过商谈而做的澄清，所以我们可以把实践理性理解为交往合理性的衍生物。这种实践理性我们这里可以不管，因为它并不代表一个独立于交往理性的单独"根源"。**知识的和目的性活动的合理性**与此不同。认知的和目的的核心结构是可以在**陈述**和**意向**中加以把握的。也就是说，它们能够通过句子或思想来加以分析，并且与一种语言的逻辑语义学交织在一起，就此而言并没有**自我支持的**结构。但这两个合理性之根（Rationalitätwurzeln）的某种各自独立性也表现在以下两个方面：一方面，陈述和交往是语言使用的同等级功能；另一方面，出自语言使用的交往行动和目的性行动结构是彼此伴随的。这种独特性也表现在陈述句子和意向句子的某种程度的语义自足性上。具有信念和实践意向看上去与把语言用于交往并没有**内在**关联。但是，这种"具有"的合理性，是要求对相应的命题性句子和意向性句子的有效性进行反思的。因为我们在内心论坛上发生的思想，可以被理解为一种公共的论据交换的反映，所以我们在这里又一次遇到了每个语言使用和每个行动——不管是否交往行动——都与之交织的那个商谈合理性。

---

[1] 根据英译本，此为前一个注释中提到的文本。——译注

但是，结合起来形成商谈合理性的那三个合理性之独立根源的多元论图景，指定给交往合理性的是一个辅助性地位。对于一个假定达成理解之目的是内在于语言交往本身之中的理论来说，这会产生令人不安的后果。这方面一个相关的反对意见，是认为论断性句子和意向性句子的意义可以仅仅根据真或成功的条件来说明，而不必离开语义学层面。这就是自从弗雷格以来所有语义学理论都诉诸的那个直觉，即把言语行为仅仅归结为命题与事态之间的双向关系。对这个反对意见的正确回应，是说命题之为真的条件或命题之为成功的条件的意义本身，是只可能用这些命题在断定命题或宣称所意向之行动的活动之中的可能嵌入，来加以说明的。真之条件是可以被公开查验的，并**因此是需要诠释的**；正像真之条件只能根据论断的论断性意义而被理解**成为真之条件**一样，可公开查验的**成功**之条件也只有从**被宣布的**或**被宣称的**行动意向（或那些具有一种内在的公共性特点的要求）的角度才可能弄懂的。我们要理解论断性句子或意向性句子的意义，只能根据施为地提出的有效性主张（即相应的真之条件被满足了），或施为地宣布的意向（即行动者将满足相应的成功条件或号召一个听话者去满足这些条件）。

　　但是，另有一种观察，是与把**达成理解**（Verständigung）这个概念提到**同意**（Einverständniss）这个目的（Telos）的高度，相抵触的：意向性句子也可以被用于规范上并无定见的、缺少制度性支撑的或在习俗、道德和法律中的任何其他规范性背景支撑的通告和要求之中。如果没有一个**授权背景**，意志表达，它是**只能**被归之于行动者本人的，在范导性言语行为的门类中地位是特殊的。因为这样一种未授权的通告或祈使句并不提出规范性的有效性主张。这些言语行为之主张为"理性的"，并因此而对交往中的其他参与者来说是"可得到理性认可的"，靠的是其他依据——说得具体些，靠的是给行动者之真诚性和所意向行动之可行性（即可实践性的那些假定条件之为真）增加可信性的那些依据。规范性理由是对双方都有约束力的（道德理由甚至主张对所有潜在地相关的人们都有约束力），而**相对于行动者的**理由则足以为一个实践性意向之严肃性提供辩护了——这些理由是听者可以作为好的理由而归之于说话者，即使他自己并不分享。

从语言起源之进化观点把认仪式性交往作为规范性约束力之源头的这种特例，迫使我在话语施事成功（illokutionären Erfolges）这个概念之内做一个区分。只是在论断性的和规范性的有效性主张的情况下，话语施事成功才是根据一种基于独立于行动者的——也就是主体间共享的——理由的。（在真诚性主张和真切性主张的情况下，代替这些理由的是对自洽行动的间接确认。）与此相反，并无规范性约束的通告和祈使句——类似于表达一个被假定只具有主观的正确性的观点，话语施事成功的衡量仅仅是看能不能把有说服力的相对于行动者的理由归之于说话者。对形式语用的意义理论（它坚持在理解一个表达与知道它的可认可性条件之间有联系）来说，这个修正并不意味着任何根本性的纠错，但对行动理论来说它却确实如此。

旨在理性驱动的同意（Einverständniss）的那种达成理解（Verständigung），有关言辞表达之相对于行动者的合理性的那种达成理解[1]，在这两者之间存在的这种区分，意味着语言可能对社会行动所具有的话语施事约束力，是有一种逐级性的。"取向于同意"的语言使用，比"取向于达成理解"的语言使用，有一种更强的协调作用。对应于这二者的，是强形式的交往行动和弱形式的交往行动。在这两种情况下，交往行动的那些预设，亦即假定有一个共享的客观世界，对于有效性主张的取向，以及合理性和责任性的相互承认，依旧完好无损。另一方面，策略性互动中的或一些间接形式的"引导某人去理解"中的结果取向的语言使用，则服从目的合理性的条件；但它是寄生在一种必须在交往行动语境中施为地**获得的**语言理解形式之上的。只有参与根植于生活世界之中的实践方式，才得以开启一道通往语言之语义财富的门。

语言使用之不同模式和行动之不同类型的光谱范围超出了交往行动的核心区域。达成理解的目的（Telos）既不是内在于语言本身之中，也不是内在于行动本身之中。只有在能够集体行动之社会群体的主体间共享的生活世界的聚光灯下，语言和

---

[1] 英译本中对应于此句两处"达成理解"的都是"communication"，意为"交往"。——译注

行动才合起来形成了**取向于达成理解的**语言使用和**交往**行动。[1]
只有在这个视域当中，从以下两方面的互动当中才可能形成和
改造出语义潜力：一方面是一种构成生活世界背景的揭示世界
的语言，另一方面是必须与世界内现象之偶然性打交道的有能
力说话和行动的主体的学习过程。

　　语言的世界揭示功能，与在世界中可错的但有能力学习的
主体的理性成就之间，处于一种互补的关系。在一篇我为我朋
友汤姆·麦卡锡（Tom McCarthy）写的祝寿文章中，我讨论了
这样一种"发挥着作用的"主体性的去先验化过程，它表现在
通过交往行动而得以再生产的生活世界的认知动态过程之中。[2]
理性的建构性活动是进行于这样一种形式的交往行动的自发成
就之中的，它的支撑来自一个施为地呈现的、以语言方式构成
的生活世界的自明性背景。以这种方式，这种先验理性（die

---

[1] 英译本此处加了一个注，译成中文是："从进化的角度看，小型血族群体的
　　共享生活世界既是交往的两个互补形式的产物，也为它们提供了背景：日
　　常语言在日常合作中满足功能性追令，而礼俗交往产生规范性义务。一种部
　　分的重合或混合可以说明日常语言中规范性义务的话语施事意义光谱。见
　　Habermas, *Postmetaphysical Thinking II*, trans. Ciaran Cronin（Cambridge: Polity,
　　2017），'Linguistification of the Sacred: In Place of a Preface', pp. vii–xv, and chs 2
　　and 3。——译注

[2] Habermas, 'From Kant's "Ideas" of Pure Reason to the "Idealizing" Presuppositions
　　of Communicative Action: Reflections on the Detranscendentalized "Use of Reason"',
　　in William Rehg and James Bohman（eds），*Pluralismand the Pragmatic Turn: The
　　Transformation of Critical Theory, Essays in Honor of Thomas McCarthy*（Cambridge,
　　MA: MIT Press, 2001），pp. 11–40.

transzendentale Vernunft）保留了某种自发性（Spontaneität）和形成世界的性质（weltbildenden Charakter）。构成生活世界背景的隐含知识是本质上特殊的东西，而去先验化的理性，则通过撤回到交往行动的那些一般的、不可避免的语用预设中去，而保留了它的普遍立法性质。取向于理解之行动的合理的内部结构，使得行动者不得不做出他们只要介入这种实践就**必须**做出的一些预设。这些预设并不是严格的先验意义上的一般必然条件，但却是交往实践的事实上不可避免的一般预设；它们之所以是不可避免的，是因为在已知的社会文化的生活形式当中，并不存在功能上与之对等的其他东西。

分散在多样生活世界语境中的去先验化理性，在不可避免的交往预设的反事实内容中，留下了普遍立法的痕迹。交往行动者必须（在较弱的先验必要性的意义上）从一些超越语境的、在证明有反例之前被视作有效的语用预设出发：

- 参与者彼此之间承认是合理的、可问责的；

- 他们假定他们是说同一种语言、采用具有同样意义的表达式的；

- 他们假定有一个由独立于任何描述的事物所构成的共享的客观世界；

- 他们在此时此地取向于超语境的有效性主张；

- 他们预设陈述性的和规范性的有效性主张，是可以在商谈中兑现的。

从形式语用的视角来看，人类心灵的规范构造是通过取向于理解之语言使用的这些预设而塑造了社会现实。

在那个绕过康德而**直达休谟**的传统中，去升华的（entsublimierte）、体现在日常交往实践中的理性，是一个费解的观念。经验主义对理想化很难接受，对交往行动的**反事实预设**在日常的社会现实建构中所起的**事实性作用**，尤其如此。正因为这样，我不限于在上面说的那个文本中分析这些预设，而也设法在语用学的理想化与康德的理念理论之间建立起一种亲和关系，即使不完全是一种谱系学联系。作为对讨论康德的理念论的那部分的补充，那篇文章的第二部分表明了从弗雷格到达米特和布兰顿的分析的意义理论也无法抛弃理想化。在戴维森那里，这些理想化采取了方法论设定的形式。不仅如此，戴维森用来从事对基本语言意义之起源的概念重构的那个三角形例子，说明照着经验理论的模式建构意义理论的策略，是注定要失败的。对能力健全之说话者的能力之知（Gebrauchswissens）的重构，是无法打破说话者自己的语言前理解的循环的。

三　真之商谈论

合理性与意义之间的联系，也可以换一种方式来说明，把它当做转向语言的语用学的一个后果。如果人类心灵的语言构成把我们留在理由的空间之中，并且不让我们采纳一个位于语言和现实之间某处的观察者立场的话，我们是无法**直接**到达言辞表达的有效性主张之条件的。打个比方说，我们就一个陈述之真所签发的支票，我们是只能用理由作为通货来兑现的。尽管好的理由能证明的只是一个对于真之主张的合理性，但要确定一个陈述之为真，没有别的途径。既然那时我想用论辩的特征——它们使我们有理由假定论辩之结果是合理的——来说明交往合理性的概念，当时正由一些著名人物（拉姆齐[E.P. Ramsey]，奥斯汀，斯特劳森[P.F. Strawson]，达米特以及塞尔）进行着的有关真之概念所进行的争论，提供了一个合适的出发点。我最初处理这个讨论是在一篇为瓦尔特·舒尔茨（Walter Schulz）而写的祝寿论文中。这个文本是早在1970年写的，[1] 相当思辨；其中包括了一些我后来不得不收回的仓促命题。过后不久，我在高斯讲座最后采纳了真理的共识论的核心观念。但这篇讨论真理论的不成熟文章却包含了对我整个理论的架构来说变得很重要的一些转向。

对真理**符合论**之批判的根本基础，是不满于对事实的物化。决不能把事态的存在与确定事态时所涉及的对象的存在，混为

---

[1] 该文本十年后重印时，我只加了几个脚注：Habermas, 'Wahrheitstheorien', in Habermas, *Vorstudien und Ergänzungenzur Theorie des kommunikativen Handelns* (Frankfurt/Main: Suhrkamp, 1984), pp. 127–86。

一谈。但如果事实这个概念，正如皮尔士已经看到的，只能借助于陈述之真来说明，那么，命题与事实的符合并不提供一个用来说明陈述与语言外实在之间关系的合适的出发点。相反，我觉得实用主义的观点更有说服力，根据这种观点，我们与存在于世界上的对象的原初交手并不是在商谈的层次上，而是"在实践的和经验的语境当中"——也就是说，并不在成问题的真之主张被议题化的地方，而是在这些主张被**按其面值**接受的地方。

这就是为什么我在行动和商谈之间做出区分。行动这个层面的特点是，它既有朴素的预期性诠释和确定性，也有可能触发学习过程的失望之预期。而商谈的层次则相反使我们摆脱行动的约束和经验的压力，让我们对与此同时已经发生问题的那些被视为理所当然的自我理解性质（Selbstverständlichkeiten）采取一个假设性立场。这种区分也剥夺了基于知觉和信念的确定性对真做说明的范式的资格。我们就原则上可能为真**或**假的命题提出真之主张。真的**证据论**（Evidenztheorie）未能考虑到，真的概念与可错之知识的概念是交织在一起的。作为施为地呈现的确定性之背景的生活世界这个概念（在写那篇文章时还缺这个概念），本来是可以在真理与证据之间做出更强烈的对比的。

我那时偏爱的真之**共识论**，是以这样一个观察为基础的：在所有实质性争论当中，并不存在**一锤定音**的论据，而只有程

135

度不一的"好"的论据。一方面，用来权衡理由的标准也不是免于批评的。另一方面，简单的知觉证据确实提供强理由，但并不提供**压倒性**理由，因为它只能以可争议的知觉性基本语句（Wahrnehmungsprotokolle）的形式，才发挥理由之源头的作用。如果我们想要维持一个实在论认识论的日常直觉的话，对真之主张的商谈性兑现，就必须也是可能的。因此，辩护的负担就从理由的内容，转移到了在具体场合哪些作为更好理由的选择过程。真之商谈论概念的这个程序性版本，依据在于决定性理由的不同分量：那些在商谈中持续承受住反对的命题，就被证明是为真的。更好理由的非强制力终将在商谈中占上风——根据这个根据充分的假设，真之概念是可以给无穷倒退打上句号的。

进行**辩护**之共识的取向点，区别于仅仅是**事实上获得的**理解；决定两者间区别的，是商谈赖以发生的那些高要求的交往预设。这种真理论的形式语用要点，是假定这些论辩预设是可以用一种类似于交往行动的**弱的**"先验"预设的方式，加以重构的——因而也就是**加以证明**的。任何人，如果无保留地参加到一个论辩实践活动之中，都必须假定给定的交往情境是足够接近于一个"理想话语情境（ideale Sprechsituation）"的条件的。对这个引人误解的表述，我常感到遗憾，并多次收回。也就是说，这个表述绝不是要提倡乌托邦式的"生活形式构想"；相反，它指的仅仅是对**理想化的辩护条件**的满足，尤其是：

- 公开性和包容性，

- 平等参与，

- 排除幻觉和欺骗，并且

- 免于外在的和内在的强制。

在对这些理想化做出限定的时候，我强调它们的根本性的批判功能；此外，在涉及那些具有法律上的建制化的商谈的时候，比方说，在教学和科研或议会和法庭中，理想化还具有范导功能。

我与我的朋友罗蒂进行了多年争论，最终使我在这个关键之点上纠正了我最初主张的真之共识论：忽视真与得到辩护的可断言性之间的区别。[1]我为布兰顿主编的一本讨论罗蒂的书所撰写的文章，[2]也提供了一个机会来矫正我先前对于**真之融贯论和紧缩论的观点**（kohärenztheoretischen und deflationistischen Wahrheitsauffassungen）的忽视。但是争论主要聚焦于对罗蒂在与阿佩尔、普特南和我自己争论中所捍卫的用情境主

---

[1] 亦见我的纪念演讲："'... And to Define America, Her Athletic Democracy': In memory of Richard Rorty", in Habermas, *Europe: The Faltering Project*, trans. Ciaran Cronin (Cambridge: Polity, 2008), pp. 3–16。

[2] Habermas, 'Richard Rorty's Pragmatic Turn', in Brandom (ed.), *Rorty and His Critics* (Malden, MA, and Oxford: Blackwell, 2000), pp. 31–55.

义来拉平"真"与"得到辩护之可断言性（gerechtfertigter Behauptbarkeit）"之间差异的观点。在这个过程中我意识到了一个最初误导我去主张一个非分化版本的真之商谈论的动机。

战后最初两个十年的道德理论中占主导地位的是种种非认知主义的观点，而我，就像保罗·洛伦岑（Paul Lorenzen）和阿佩尔，则反对这股潮流，而主张一种主体间主义版本的康德义务论。如果道德的有效性主张可以与论断性有效性主张用同样方式来加以兑现的话，这种认知主义是可以在不对道德实在论做出让步的情况下得到辩护的。在这过程中，图尔敏的论辩模式[1]鼓励我去设法把实践商谈同化到理论商谈中去："如果正当也可以与真一起被归类为可用商谈方式来兑现的有效性主张的话，那么，结论就是，正确的规范是可以用一种对真的陈述类似的方式而得到辩护的。"[2]

这个动机让我过度推广了共识论对规范的约束有效性——我现在仍然把这种有效性理解为是一种认知模态的有效性——的说明。但是，把陈述之真同化于道德判断和规范的有效性，忽视了指向独立于描述的客观世界中事物的那些陈述之为真所具有的超辩护（rechtfertigungstranszendente）意义。对真这个谓词的"警示"使用已经解释了真和被辩护的可断言性之间的意

---

[1] Stephen Toulmin, *The Uses of Argument* (Cambridge: Cambridge University Press, 1964) .

[2] Habermas, 'Wahrheitstheorien', p. 144.

义差别。韦尔默和克里斯蒂娜·拉丰（Cristina Lafont）的反对意见，连同戴维森的一个反思，最终迫使我放弃了一种认知的真之概念。但是，这种修正所影响的只是共识论对真的**理解**，而不是理性商谈在**兑现**真之主张（以及正当之主张）方面所起的同样方式的（如果不是同等程度的）认知作用。

四　认识论

我早期关于真理论的工作在涉及认识论问题的地方是最模糊的。但那时我诉诸反映在语言系统和概念系统之"适应"中的知识进步，就已经显露了这样一种观点，即商谈性的辩护工作仅仅是对与世界之实践性交手所触发的那些学习过程的补充。因此，在《真与辩护》一书中我重新捡起了在《知识与人类旨趣》之后撤到一边去了的那些问题。[1]在那里，我把语言的两种核心功能——再现和交往——之间的相互关系作为我的出发点，考察了"客观世界"之假设所具有的实在论认识论的意义，处理了这样一个自然主义的问题：我们作为有能力说话和行动的主体"总是已经"身处其中的那个由语言赋予结构的生活世界的那种规范性，是如何能够与社会文化生活形式之自然史的偶

[1] 'Introduction: Realism after the Linguistic Turn', in Habermas, *Truth and Justification*, pp. 1–50.

然性彼此协调的。普特南的内在实在论促使我去用康德主义阅读实用主义。[1] 从这个角度看，我一方面在与蒯因的争议中，另一方面在与海德格尔的争议中，又回到了本体论问题。关于物理上可测量对象之领域的各种律则性理论是建立在（中世纪意义上的）"唯名论的"语言本体论之上的，而人文学科和社会科学则只能在相应的"实在论的"语言本体论的概念当中，以诠释学方式进入一个由符号赋予结构的生活世界的对象领域。这种认知二元论是否可能——如果是可能的话，如何可能——与本体一元论相互协调，这个问题我将在导言之五再来讨论。

[1] Hilary Putnam, *Realism and Reason: Philosophical Papers* Volume 3（Cambridge: Cambridge University Press, 1983）. 但亦见我对普特南的实践哲学中的亚里士多德主义的批评: Habermas, "Norms and Values: On Hilary Putnam's Kantian Pragmatism", in Habermas, *Truth and Justification*, trans. Barbara Fultner（Cambridge: Polity, 2003）, pp. 213-35。

第三章

商谈伦理学

曼弗雷德·里德尔（Manfred Riedel）1974年编辑了一部主题为"实践哲学复兴"的选集，[1]这个选集证明了在哲学的一些专业领域中发生了一种风向转变，这种转变也受到了学生运动的影响，而且绝不限于德国。不过，这本书呈现的研究景观五花八门。其中关于政治哲学的论文反映了德国特有的、针对1960年代批判进路的、基于新亚里士多德主义的和右翼黑格尔主义的反动，而阿佩尔、洛伦岑、库诺·洛伦兹（Kuno Lorenz）和我自己关于道德哲学的论著，则做了一件有国际知晓度的工作：用根据普遍化原则得到复兴的康德式实践理性理论，来取代此前占有支配地位的经验主义研究进路。

然而，像美国的罗尔斯在1971年发表的《正义论》那样在自己国家留下了深刻印记的著作，在我们德国是缺少的。在德国，学科内部的分工仍然极不发达，以至于道德哲学的研究进路仍然像埃尔兰根学派的建构主义或阿佩尔的先验语用学那样，是更为综合性的研究计划的组成部分。[2]在这方面我并没有什么不同。在整个1960年代，我最初在社会哲学和历史哲学的语境中处理了理论与实践的关系；这些探究在实践哲学与社会理论的交集中进行，然后（例如在与卡尔·波普尔的争论中）凝聚到决断的合理辩护这样的具体问题上。[3] 其时，我就在不同的语境中遇到了对于合理性理论至关重要的这个问题，例如在对技治论的讨论中，[4] 在价值判断问题的方法论语境中，[5] 以及在理性与旨趣的认识论语境中。[6]

这些讨论为我提供了采用与科学主义和决断论相反的互补立场的理由，这是因为，以经验主义方式把实践理性限制到工

[1] Manfred Riedel, *Rehabilitierung der praktischen Philosophie, Band II: Rezeption, Argumentation, Diskussion* (Freiburg: Rombach, 1974) .

[2] Paul Lorenzen, *Normative Logic and Ethics* (Mannheim: Bibliographisches Institut, 1969) ; Lorenzen and Oswald Schwemmer (eds) , *Konstruktive Ethik und Wissenschaftstheorie* (Mannheim: Bibliographisches Institut, 1973) ; Karl-Otto Apel, 'The *a priori* of the Communication Community and the Foundation of Ethics: The Problem of a Rational Foundation of Ethics in the Scientific Age', in Apel, *Towards a Transformation of Philosophy*, trans. Glyn Adey and David Frisby (London: Routledge & Kegan Paul, 1980) , pp. 225–300.

[3] Jürgen Habermas, 'Dogmatism, Reason and Decision: On Theory and Practice in Our Scientific Civilization' (1963) , in Habermas, *Theory and Practice*, trans. John Viertel (Cambridge: Polity, 1988) , pp. 253–82.

[4] Habermas, 'Technology and Science as "Ideology"' (1968) , in Habermas, *Toward a Rational Society*, trans. Jeremy J. Shapiro (Cambridge: Polity, 1987) , pp. 81–122.

[5] Habermas, 'The Analytical Theory of Science and Dialectics' (1963) , in Theodor W. Adorno et al. (eds) , *The Positivist Dispute in German Sociology*, trans. Glyn Adey and David Frisby (London: Heinemann, 1976) , pp. 131–62; Habermas, 'Wertfreiheit und Objektivität', in Otto Stammer (ed.) , *Max Weber und die Soziologieheute* (Tübingen: Mohr Siebeck, 1965) , pp. 74–81; Habermas, *On the Logic of the Social Sciences*, trans. Shierry Weber Nicholsen and Jerry A. Stark (Cambridge: Polity, 1988) .

[6] Habermas, *Knowledge and Human Interests*, trans. Jeremy J. Shapiro (Cambridge: Polity, 1987) .

具合理性，是与把理论理性限制到一种狭义的客观主义的科学观，彼此对应的。"决断"与"认知"之间的抽象并置，根源在于把知识的命题内容从其语用语境中——这些内容是在这些语境中通过解决问题而习得、交流和表征的——错误地进行了语义抽象。然而，**"理性（Vernunft）"内在地就相当于对理性的运用**（Gebrauch der Vernunft）。理由（Gründe/reasons）是这种运用的媒介，而理由的商谈式交换（diskursiveAustausch von Gründen/discursive exchange of reasons）——在承认论证之描述的、评价的和规范的模式之间所有必要差异的同时——仍然确保某种防止理论理性与实践理性之间联系被彻底切断的连续性。也是出于这个理由，我并不把道德哲学想象为一门"无所依傍的"事业，而是理解为一般的理性商谈理论的一个特殊部分。一种道德理论的任务在于说明为道德判断所提出的有效性主张怎样才能得到兑现。这种合理性理论的路径解释了我是在什么样的社会科学语境中，最初受到上面提及的1960年代讨论的刺激，并提出我的版本的"商谈伦理学"的。1971年至1972年间，我担负着在施塔恩贝格研究所确定一个研究纲领的任务，不得不在思考统治秩序之合法化（Legitimation）的问题的同时，澄清实践问题到底有没有真假之争的问题。[1]

---

[1] Habermas, *Legitimation Crisis*, trans. Thomas McCarthy（Cambridge: Polity, 1988），pp. 102-16（德文原版出版于1973年，罗尔斯的《正义论》发表两年之后，但是在1975年翻译为德文之前，我并没有读过《正义论》）。

虽然我们一般只就一种政治统治秩序才谈论"合法性"（Legitimität），但对政治统治秩序之合法性的信念，确实有一种在任何社会行动规范的有效性模态中都发现的道德内核。出发点是这样一种社会学观察，即从长远来看，一种规范秩序要能够稳定下来，既不能单靠紧密联系的互补利益，也不能通过单纯的惩罚威胁。[1]规范秩序的维持至少也依赖于它的接受者非强制的主体间的承认。经验动机当然是起作用的，但仅仅经验动机并不能说明主体在面对有约束力的行为预期时，怎么会产生持续的服从意愿。对于一种优先于可能利益与惩罚的行为规范之义务特征，已经从涂尔干那里发展出康德式的分析了。[2]从义务论角度理解的有效性的含义，不管它有什么发生学上的解释，都是基于这样的主张：一规范之所以值得承认，只因为它是"正当（zu Recht）"的。就一现存规范而言，其接受者承认上述主张，就意味着他相信（虽然在许多情况下是反事实地相信），该规范（或根据此规范而得到辩护的命令）旨在促进"共同利益"或"对所有人同等有利"而调节相关人们的行为。

就像任何其他信念一样，上述信念，不管是基于幻觉、习惯、结构性的暴力还是理性的动机，都不是免于批评的。然

[1] 英译本中此处加一句："interests can change, while sanctionscannot last forever"，意为"利益是会发生变化的，而惩罚也不可能永远进行下去"。——译注

[2] Habermas, *The Theory of Communicative Action*, trans. Thomas McCarthy, 2 vols（Boston, MA: Beacon Press, 1984, 1987）, vol. 2, pp. 43–76.

而，规范实际上是否受到批判的审察，是依赖于偶然的环境的；社会规范是否"正当"的问题并不是一望而知的。只有对于那些满足理性商谈条件下所有接受者之深思熟虑同意的规范来说，我们才能最终了解这一点。正是这种反思把我也导向对于一种"原初状态"之理性法构造的认知解释。每一种兑现规范性有效性主张的尝试，都"虚拟"地重述了商谈式意志形成的决定性理由，而相应的规范就必须是在一种想象的原初状态中产生出来的："商谈可以被理解为那样一种摆脱了经验和行动负担的交往形式，它的结构确保……其参与者、论题和贡献都不会受限……；除了更好的论证，没有别的力量能够发挥作用；而结果就是，除了合作探求真理的动机，所有其他的动机都被排除在外。如果在这些条件下，有关接受一规范之建议的共识是以论证方式而出现的，也就是说，是根据假设提出的有诸多备选方案的辩护而出现的，那么这种共识就表达了'理性的意志'。"[1]

这仍然没有回答以下核心问题：为什么需要承认的规范性主张就应当根本上有一种认知含义，并能够通过理由加以兑现？那时，我仍然满足于有效的准则必须得到普遍化这个康德式的直觉："商谈地形成的意志之所以被称作'理性的'，因为商

---

[1] Habermas, *Legitimation Crisis*, pp. 107f.

谈的和商议情境的形式特征，足以保证了共识只有通过被恰当解释的**可普遍化**利益实现，我指的是**能够交往共享的需要**。"[1]那时我以为，从自身方面被确立起来的道德原则并非必不可少，因为"对规范性有效性主张之商谈式兑现的预期，已经包含在那种使特地引入的普遍化准则成为多余的主体间结构之中"。[2]我对道德认知主义之最初探究所引出的这个结论过于仓促，它错过了辩护负担的问题，我只是在施塔恩贝格时期之后才回过头来讨论这个问题。

在第一部分，我将讨论商谈伦理学的五个文本。这种道德理论旨在说明道德有效性主张何以是能够被兑现的；它也提供了分析所有其他有效性主张[3]的钥匙。商谈伦理学比传统伦理学的聚焦点更为狭窄，因为它（关注的正义问题，是理性能够判定的问题。）[4]应当注意的是，对于规范有效性主张的考察，一般指更为整全之理性的三个有效性面向的其中一个，而这种理性体现在取向于达成理解的语言使用以及交往行动中的（第一节）。第二部分涉及三个进一步的文本，用以澄清实践商谈的系

---

[1] Habermas, *Legitimation Crisis*, p. 108.

[2] Ibid., p. 110.

[3] 英译本中对应于此句的是："It also provides the key to analysing other normative validity claims, for example moral validity and political legitimacy." 意为："它也提供去分析其他有效性主张，例如法律的有效性和政治的合法性的钥匙。"——译注

[4] 英译本此处加 "in principle"，意为"原则上"。——译注

统结构。首先处理实践理性之运用的分化，然后讨论从认知上理解的规范性有效性与非认识论的真之概念的联系，最后讨论道德理论与将在导言之四中讨论的法和民主宪政国家的商谈理论之间的联系（第二节）。

一　道德理论

（1）1960年代期间，在就社会化问题与乌尔里希·厄费尔曼（Ulrich Oevermann）联合举办的研讨会上，我讨论了让·皮亚杰的发生结构主义和劳伦斯·科尔伯格的道德发展理论。但是这些理论之所以变得与我自己的工作相关，先是因为它们与我在施塔恩贝格研究所进行的经验研究有关（也是因为与科尔伯格的个人接触）。[1]与雷纳·杜勃特（Rainer Döbert）和格特鲁德·南纳–温克勒（Gertrud Nunner-Winkler）合作的一个成果就是《道德意识与交往行动》中的研究，这是我从《交往行动理论》分离出来的内容。[2]其中的哲学意义在于对道德与伦理生活之关系，做一种变化了的理解。在道德判断"阶段"与互动

---

[1]　科尔伯格的理论尤其启发了 Rainer Döbert, Klaus Eder 和 Gertrud Nunner-Winkler 的研究。See also Habermas, 'Moral Development and Ego Identity', in Habermas, *Communication and the Evolution of Society*, trans. Thomas McCarthy（Cambridge: Polity, 1984），pp. 69–94。

[2]　Habermas, *Moral Consciousness and Communicative Action,* trans. Christian Lenhardt and Shierry Weber Nicholsen（Cambridge: Polity, 1990），pp. 116–94.

能力之间有一种经验上得到证明的联系，这种联系表明，在普遍主义的道德理论中得到概念化的那种后俗成的意识形式，并非根植于具体历史生活形式的伦理生活当中，而是植根于由语言构成之生活形式的一般结构当中。在一般的科学时尚变换中，发生结构主义的传统可能已经隐入了发展心理学这种高度专业化的背景中；[1]但是作为对道德意识与取向于理解之行动的能力之间联系的一种**概念分析**指南，它仍然是有启发的。[2]

从一开始，阿佩尔和我分别发展的商谈伦理学进路之间的差异，乃是基于有关道德哲学的学科视角与跨学科视角之间的差异。阿佩尔把道德原则之终极辩护（Letztbegründung）看作通往哲学之自我确证的康庄大道，而对我来说，为道德原则辩护的任务出现在交往行动理论的语境中，而后者是为与其他人文科学的分工量身定做的。然而，在当前的语境中，我涉及的是我在与这个领域中的其他哲学进路的竞争中提出一种道德理论的最初努力。[3]

---

[1] 社会心理学中的氛围同情科尔伯格的理论取径的，see Gertrud Nunner-Winkler, "Ethik der freiwilligenSelbstbindung", in *Erwägen-Wissen-Ethik*, 4（2003）: 579–89; Nunner-Winkler, Marion Meyer-Nikele, and Doris Wohlrab, *Integration durch Moral: Moralische Motivation und Ziviltugenden Jugendlicher*（Wiesbaden: VS Verlag für Sozialwissenschaften, 2006）。

[2] Habermas, 'Lawrence Kohlberg and Neo-Aristotelianism', in Habermas, *Justification and Application: Remarks on Discourse Ethics*, trans. by Ciaran Cronin（Cambridge: Polity, 1995）, pp. 113–32.

[3] Habermas, '**Discourse Ethics: Notes on a Program of Philosophical Justification**', in *Moral Consciousness and Communicative Action*, pp. 43–115.

我遵循彼得·斯特劳森对道德感受的描述，与经验主义的和价值怀疑论的观念相反，而倾向于重视道德判断之认知内容。[1]而且，我强调，与那种取向于像"是好的"这样的谓词的语义分析不同，我倾向于强调，我们用来提出断言有效性主张和道德有效性主张的那些表达式（"这是情形p"和"有义务做h"）（"esist der Fall, daßp" vs. "Es istgeboten, daß h"），发挥着类似作用[2]。另一方面，与实在论道德观相反，陈述句使用与应然句使用之间显著的不对称性让我们有充分的理由强调，规范调节的人际关系世界所具有的建构特征。[3]我关注的基本上是赋予义务之规范的得到承认的必要性这个命题，以及相应规范的有效性主张能否以及（如果能的话）如何用论证来兑现的问题。核心的命题很简单。在发生道德行动冲突的情况下，卷入其中者即使无法依赖一种共同承认的规范语境的支持，也仍然能够达成一种有共识的解决方案。也就是说，通过介入一种实践的商谈，他们接受了一些富有规范内容的交往预设，以至于康德通过定言命令来表达的背景理解，是施为地，也即通过参与那种商谈实践而产生了的。

---

[1] Lutz Wingert, *Gemeinsinn und Moral*（Frankfurt am Main: Suhrkamp, 1993）.

[2] 英译本中对应于"类似作用"的是"the analogou sillocutionary roles"，意为"类似的话语施事作用"。——译注

[3] 就像约翰·罗尔斯在其"杜威讲座"（'Kantian Constructivism', *Journal of Philosophy* 77 [1980]: 515-72）中所说那样，虽然我其时并不熟悉它们，但我的进路也是一种"康德式的建构主义"。

商谈伦理学把那个以立法形式来表达的直觉重新表述为一条论辩规则。"所有作为实践商谈参与者的相关者"欲就有争议规范达成一致，都能按照该规则行事："每一条有效的规范都必须满足这样的条件：它们的**普遍**遵守对**每个**个人利益之满足（有可能）产生的一般结果，是**所有**相关者都能接受的（是他们更愿意接受的，如果与遵守其他可选规则之结果作比较的话）。"[1]这种普遍化原则是诸多道德原则之一，而人们有可能怀疑它所表达的会不会是片面的或有文化偏见的直觉。因此，商谈伦理学努力通过诉诸一般的和不可避免的论辩预设之理想化内容，来为该原则的普遍有效性辩护。然而，与阿佩尔的假定相反，这些预设并不能"先验必然地"得到证明（bewiesen）。它们只能通过对施为矛盾的一种特设的拒斥，被"表明"（aufgewiesen）乃是一种我们别无选择的实践（因为除此以外并没有可知的对应物）的**无法拒斥的**预设。证明这一点就足以拒斥经常被提出的循环论证之驳，即认为对普遍化原则的辩护仅仅是把**根据定义**已经塞入论证预设之中的那个内容提取出来而已。

道德原则本身的"辩护（Begründung/justification）"，就在于证明，任何人，只要真诚地参与实践商谈并因此接受一般的论证预设，而且还知道为一种行动规范辩护意味着什么，都已经未言明地预设了普遍化原则的有效性。这一思路可以非正式

---

[1] Habermas, *Moral Consciousness and Communicative Action*, pp. 65–66.

地表述如下：假定论证实践是基于以下四个根本预设上：(a)所有相关者都包括在内，(b)所有相关者同等权利参与，(c)他们的表达的真诚性，以及(d)交往结构有保证的非强制性；于是，借助于(a)(b)和(c)，所有相关的声音都能在实践商谈中得到倾听，但是只有那些赋予每个人的利益和价值以平等考虑的理由才是有分量的；而借助于(c)和(d)，就有争议的规范达成一致而言，只有这种理由（而非其他的动机）才是决定性的。

（2）这种辩护步骤不但在对辩护**纲领**之不完备性的实施上引发持久的争议，而且因为第一种尝试确实忽视了两件事：一是**道德的意义**，这是由社会化个体之结构上的脆弱性来说明的，二是理性商谈的事实，作为交往的一种形式，理性商谈不但赋予参与者以在处理实践问题时采取立场的交往自由，而且要求他们**交互地采取视角**。当我们把道德判断的形成往回追溯到其生活世界基底，并且认识到由交往促成的社会化模式在道德问题与实践商谈于其中发生的交往形式之间建立了先天的也就是发生学上的联系，上述被忽视的要素就得到呈现了。黑格尔对康德的异议使我认识到自己以前的论证中存在的这些问题。[1]对

---

[1] Habermas, '**Morality and Ethical Life: Does Hegel's Critique of Kant Apply to Discourse Ethics?**', in *Moral Consciousness and Communicative Action*, pp. 195–216.

普遍化原则的一般有效性的辩护也诉诸在知道行动规范怎样辩护之中所蕴涵的直觉知识，后者又预设了与强制性规范之道德意义的亲缘性。

对规范性有效性主张的单纯接受是一回事，这些主张的值得被承认是另一回事；只有明确意识到这两者之间的区别，才会出现为行动规范做辩护的必要性。把集体成员整合进一个相互承担责任的网络之中的规范具有应然性；而借助于这个义务论意义上的应然性向度，就可以把握道德本身的意义了。对于社会化的个体来说，道德构成了防范我们这个物种中极其严重和广泛的种内侵犯（intraspezifische Aggression）的保护伞。人类之所以特别脆弱，也因为其社会化的不确定和相对漫长。只有在其交往社会化的过程中同时个体化的生物，才能发展出类似"道德"的东西。他们需要一种植根于社会化本身的不确定模式中的保护形式，因为只有通过把他们在**社会关系**中**外化**出来的风险之路，他们才能形成自己的个人认同（persönliche Identität）。因此，个体无保护的和脆弱的完整性（Integrität）只有在与相互承认的支持性社会关系的关联中才能稳定下来。道德的这种含义表达在这样一些规范的值得承认性当中，它们**同时既**保护个体的不可侵犯性，**又**保护作为集体平等成员的相互承认关系，而这种集体又以合法有序的人际关系的形式复制自己。

道德的含义能够通过回答内在于交往地结构化的生活形式

固有的挑战而得到解释：只有通过获得主体间承认的规范秩序中的**成员身份**，人们才能稳定他们**作为个体**的脆弱认同。因此难怪合理商谈——它代表了一种反思形式的交往行动——的交往形式与道德内核具有发生学上的关联。商谈允许每个个体的利益通过**说不的可能**（Möglichkeit des Neinsagens）发挥作用，但同时通过促使参与者相互采取对方视角（gegenseitigen Perspektivenübernahme）而防止社会纽带断裂。通过商谈达成意见一致（Einverständnis），既依赖于每个参与者说"是""否"，也依赖于他们共同克服各自的自我中心主义。把道德的观点（moralischen Gesichtspunkte/**the moral point of view**）锚定在用语言构成的生活形式之基底，这是接受黑格尔关于道德植根于伦理生活的思想的结果。然而，这种对黑格尔的让步并不改变程序伦理观（Verfahrensethik）的形式主义和认知主义[1]。因为道德所涉及的，根本上是一种用我们的**生活形式本身**的交往结构来解释的出于保护的需要。商谈伦理学把自己限于对道德的观点做出解释，而做出这样的保留：[2]道德关系的实现，依赖于"相宜的"（entgegenkommende）生活形式。

（3）与我的丹麦同事托本·维德尼尔森（Torben Hviid

---

[1] 英译本中此处加"Kantian"，意为"康德主义的"。——译注

[2] 英译本此处加："**the motivational bridge between moral judgementsand action, i.e**"，意为"道德判断与行动之间的动机桥梁，亦即"。——译注

Nielsen）的访谈为我提供了一个机会，让我可以预先讨论在道德理论与社会理论的关系上会遭到的误解。[1] 与社会学家采取一种观察者的第三人称态度相反，道德理论家采取参与者的视角，这是一个道德冲突卷入者以第一人称向对方即"第二"人称者表达其感受和判断的视角。哲学所讨论的正义问题并非悬在空中，而在社会行动关联中拥有其"生命之席（Sitz im Leben）"，这个事实并不降低道德理论的分析视角的独立性。分析视角处理的是真正的哲学问题，例如道德分歧的合理可判定性，道德情感的作用，道德原则的辩护，以及道德的观点的解释，等等。像在其他学科一样，在道德理论中，每一种进路也都必须面对其竞争者为自己辩护。但相反，当我们在**其他**语境如社会学和心理学中运用一种特定道德理论时，比如说，当我们解释法律制度的社会演化或者道德意识形式之发展时，我们必须预设这种理论的有效性。但是正义理论的应用领域是有限的。例如，要把社会病态现象追溯到承认关系的扭曲或交往的系统性破坏，需要的并不是任何道德标准，而是一个经过澄清的交往合理性的概念。[2]

---

[1] Habermas, 'Morality, Society, and Ethics: An Interview with Torben Hviid Nielsen', in *Justification and Application*, pp. 147–76.

[2] Axel Honneth, *The Struggle for Recognition*, trans. Joel Anderson（Cambridge, MA: MIT Press, 1996）. Honneth（ed.）, *Pathologien des Sozialen: Die Aufgaben der Sozialphilosophie*（Frankfurt am Main: Fischer, 1994）; Mattias Iser, *Empörung und Fortschritt: Grundlagen einer kritischen Theorie der Gesellschaft*（Frankfurt am Main: Campus, 2008）.

这个访谈的其余部分是对于商谈伦理学遭到的异议的简要而全面的评述。尤其是，访谈涉及对义务论正义概念的欧洲中心论偏见指控，传统社会与现代社会的区分，"施为的矛盾"与"理想言谈情境"的概念，正义原则的多元论，道德与伦理生活的关系，辩护性商谈与适用性商谈之间的区别，正义与团结，法律与道德，如此等等。对我来说重要的还有道德情感在一种有冷酷理性主义之嫌的道德理论中的作用。那时，当前在书店里放满书架的德性伦理学还没有什么人讨论。要不然我会谈论这样一种道德**现象学**的吸引力，它应该对一种平淡的、局限于解释道德的观点的道德理论，起到补充作用。然而，对一种打开眼光的现象学来说，像尼采或阿多诺[1]这样伟大的哲学作者的文学能力和敏感性，是比常规哲学家们的分析能力更为适宜的。

（4）在《商谈伦理学评注》一文中，我试图通过对一些竞争的理论进行元伦理学讨论，来澄清一些基本的概念——那是一份意图连贯的文献综述。[2]对我自己的理论路径来说，此文的好处不在于对整体构造的改善，而在于对各种细节的澄清。但有一个例外，那是我从克劳斯·贡特尔（Klaus Günther）那里

[1] 英译本此处增加了 "or Levinas"，即 "或列维纳斯"。——译注

[2] Habermas, '**Remarks on Discourse Ethics**', in *Justification and Application*, pp. 19–112.

学到的辩护性商谈与适用性商谈之间的重要区分。[1]对于所处理问题的明确清单，除了指出我随后与约翰·罗尔斯的讨论，不必再增加什么了。[2]虽然在那以前我已经结识了解罗尔斯，但其时我认真研读过的只有他的《正义论》和《康德式的建构主义》。[3]到那时为止，我并不了解导致罗尔斯鉴于世界观多元主义（weltanschaulichen Pluralismus[4]）的紧迫现象而实质性地修改他原初观点的那些中间步骤，这些修改表达在他不久后出版的《政治自由主义》一书中。[5]

罗尔斯的成熟著作令我感到困扰的是，相较于哲学家的实践理性，他赋予各世界观和宗教共同体的学说信仰以决定性的作用。他宣称，在只能对之提出微弱的、对"合情理性（Vernünftigkeit/**reasonableness**）"之主张的公共正义观，与他赋之以一种强的、对"真理"之主张的那些宗教和世界观之间，

---

[1] Klaus Günther, *The Sense of Appropriateness: Application Discourses in Morality and Law*, trans. John Farrell（Albany, NY: SUNY Press, 1993）.

[2] In *Journal of Philosophy*, 92, 3（1995）.

[3] John Rawls, 'Kantian Constructivism in Moral Theory', in Rawls, *Collected Papers*, ed. Samuel Freeman（Cambridge, MA: Harvard University Press, 1999）, pp. 303-58.（英译本此处特别强调这篇文章给作者留下了深刻印象。——译注）

[4] 英译本中此处是"**cultural pluralism**"，即"文化多元主义"。——译注

[5] 参见我收在 James Gordon Finlayson and Fabian Freyenhagen（eds）, *Habermas and Rawls: Disputing the Political*（New York: Routledge, 2011）, pp. 283-304的回应中对这个争论的反思。

有一种不对称。[1]也就是说，后者在重叠共识的情形中具有最后决定权。它们因此而胜过只诉诸实践理性的那些世界观上中立的[2]建议。当然，罗尔斯在其后期著作中还是坚持其非认知主义契约理论的一般设计的。但霍布斯在描绘从自然状态向社会状态的转换中承认其理性选择的追求自我利益之市民的位置，现在被相互观察的[3]整全性学说之信奉者取代了。他们需要确定的只是他们的观点是否足够"重叠"，以至于找到一种符合自由主义正义概念的安排，即使是出于各自不同的理由。

（5）有一种仍然广泛流传的"后现代"误解，认为道德普遍主义是要求做统一化的平等对待和同化式的包容。我反对这种观点，而试图表明，个人主义的平等主义是去中心化的，而这就为**按照其"他性"而将他者以一种敏感于差异的方式加以包容**，提供了标准。[4]支配由所有负责行动之个体组成的道德共同体的，是废除歧视、伤害和边缘化等否定性

---

[1] Habermas, '"Reasonable" versus "True", or the Morality of Worldviews', in Habermas, *The Inclusion of the Other*, trans. Ciaran Cronin（Cambridge: Polity, 2002）, pp. 75-101.

[2] 英译本中对应于"世界观上中立的"的是"secular"，即"世俗的"。——译注

[3] 英译本中此处加**"who do not have to speak with one another"**，意为"不需要彼此交谈的"。——译注

[4] Habermas, 'A Genealogical Analysis of the Cognitive Content of Morality', in *The Inclusion of the Other*, pp. 3-48.

概念。从而它对那些想彼此继续为陌生人的陌生人们，也是开放的。因为它把平等的个人自由之正义，与彼此团结的人们的那种手足情谊，结合起来，以便同时维护特质和个性的差异空间。因此，像罗尔斯一样，我也把世界观多元论安放进了后形而上学思维运用理性道德（Vernunftmoral）的不同版本来回应的那种挑战之中。从历史的观点看，与现代道德哲学的那些主流观点相比，我把商谈伦理学看作对上述挑战的这样一种回答，它在宗教和形而上学的支撑性语境分崩离析之后，割爱了那已成碎片的伦理背景，但用一种在所有世界观差异之间架起桥梁的规范性的程序共识，来取代这种背景的实质内容。商谈伦理学通过发掘竞争各家之间仅存的共享资源，亦即求道者们（Ratsuchenden）的商谈情境的那些交往预设，而守住道德的观点（moralischen Gesichtpunktes）的约束性，即使是以道德原则与救赎之路和厚重的伦理生活模式的分离作为代价。

在论证这一点时，我对宗教传统采取了一种与后期罗尔斯不同的立场。一方面，在肯定的方面，我在犹太-基督教传统与后形而上学理性道德之间看到了一种紧密的谱系学联系。在欧洲，至少就其坚持一种包容的个人主义与平等主义正义观和充分包容条件下的团结观念而言，哲学受惠于一神教的普遍主义遗产。但另一方面，我强调从神之立场转向这样一个视角，它允许人类心灵在此世语境内把自然和社会世界当作一个**整体来看待**。让我们能在合理安排的人际关系的总体框架内对局部冲突做公平判断的道德观点，它的出现也得益于神之立场向内在超越形式的转化。随着视角的人类中心论转向，实践理性占据了一个宗教和世界观战场之外的中立地位，并把它与宗教之冲突中的提供辩护责任（Begründungslast），转向了对自己有利。世界宗教遗产与理性道德之间的谱系学联系并不能隐藏这样的事实，即认知方面的权威如果不从天堂转向尘世，国家权力的世俗化，对国家权力的理性法驯服，就会缺失了认知前提。

二 论实践商谈的体系

商谈理论把正义问题与个人生活方案的问题[1]分离开来，而聚焦于对边界清晰的道德有效性主张作出说明。习惯所称的**"商谈伦理学"**这个名字，因此并不完全正确。在这篇导言的第二部分里，我将涉及超出这种更狭义的道德理论领域的一些文本。这些文本比较了实践理性的道德的、伦理的和实用的使用（6），处理了陈述的真理性与规范的道义有效性之间区分的认识论问题（7），以及最后，把视线扩展到关于道德、法律与政治

---

[1] 英译本中，对应于"个人生活方案的问题"的是 **"ethical questions—that is, from questions of the good life, of how to live one's life and what is the best for us to do"**，意为"伦理问题，也就是良善生活的问题，怎样过一生以及什么是我们最好去做的事情的问题"。——译注

的整个商谈景观（8）。[1]

（6）康德把广义上的自由理解为主体让其意志服从于准则的能力。他在目的合理的行动者的选择自由与道德行动主体的自由意志之间做出了区分，这种区分把注意力引向了意志与实践理性之间的不同组合。我用第三个要素补充了康德关于实践理性使用的分类学。[2]一方面是手段的目的合理的选择与目标的价值导向之间的权衡，另一方面是道德判断和行动，位于两者之间的，是一个人对于什么是她真正欲求和应当欲求的，以及最终**她是一个什么样的人以及想要是一个什么样的人**的伦理自我理解。的确，在每一种情形中，都有自我约束意义上的自由在起作用。但是，理性之实用的、伦理的和实践的使用之间的差别，不但涉及其中的实践理由（praktische Gründe）的类型，而且涉及对实践理由的理性权衡在多大程度上可谓**渗透**[3]意志的能力。当我们对实践理性做一种实用性使用中，我们所向往的（或当作已经给予的）价值和目标是作为偶然"动机"或作为"促动的理由（*Beweggründe*）"，落在论辩之外的。相反，当事关形成一种伦理的存在论的自我理解时，价值取向就是根本性论题；理性与意志在这个问题上是相

---

[1]　这里的（6）（7）（8）三个编号是根据英译本加上的。——译注

[2]　Habermas, 'On the Pragmatic, the Ethical, and the Moral Employment of Practical Reason', in *Justification and Application*, pp. 1-18.

[3]　英译本此处加 "and binds"，意为 "和约束"。——译注

互决定的。只有当主体按照其出于道德洞见而制定的法则行动时，她的意志才由实践理性**完全**确定——并清除了他律的最后痕迹。于是，对自由意志来说，没有任何价值和偏好是预先给定的，也没有任何有待批判地采纳的生活历史是预先派定的。

义务论道德的主体间主义版本让我们能够把金律的**自我中心的普遍化视角**，与**第一人称复数的去中心化视角**，清楚地区分开来——正是通过后者，相关者多样视角下的所有相关利益都能得到讨论并给予平等考虑。[1] 此外，交往理论[2]的解读让我们意识到实践商谈能够合法地得到建制化这个事实[3]。最后，面对实践理性之可能有的不同用法，出现了实践理性的统一性的问题。在这一点上，我们一定不能犯这样的错误，即要求有一种元商谈可以"自上而下地"从一个哲学王的观点出发去控制从一种商谈向另一种商谈的过渡。把不同种类的实践问题逐步包容进来，绝不能混同于在相应的实用、伦理、道德或法律商谈之间区分一种"自然的"等级。如果现存的偏好本身有问题，

---

[1] 英译本此处加："**Only under the condition of mutual perspective-taking can participants in an inclusive discourse take into account the diversity of interests of all of those concerned.**"意为："只有在交互的视角采取的条件下，一种包容的商谈的参与者才能把所有那些相关者的利益的多样性考虑在内。"——译注

[2] 英译本对应于"交往理论"的是"**intersubjectivist**"，意为"主体间主义的"。——译注

[3] 英译本中此处加"for example in courts or parliaments"，意为"例如在法院或议会中"。——译注

可以考虑从实用商谈转向伦理商谈；如果一个人的生活规划违反了他人的正当预期，可以考虑从伦理商谈转向道德商谈。但是，如果争论爆发是围绕这样的问题：一种其含义依然含混不清的情境，它完全"应当"从道德的观点来处理呢，还是从便利的观点来处理，或从相互竞争的诸善之中何者更可欲的观点来处理，那么，并没有一种元商谈可以声称有权威来解决争端。另一方面，我们也无法放任一种前商谈的判断力来"自下而上"地履行这种功能。因此，我们必须相信**问题本身**推进分化的能力，它会梳理出适当的论证模式，**促进各方投入正确商谈**。当然，只有在交往范式——它把人类心灵自我指涉的活动理解为是在主体间分享的理由空间内的运动——这才是可行的。

（7）现在还有一个每一种认知主义的道德理论必须面对的难题：在什么意义上我们可以把一个对于正当性的认知性的主张[1]，与道德判断联系起来？传统上，这个问题是在理论理性与实践理性的关系的语境中被阐明的。但是形式语用学告诉我们，该如何按照有效性理论之问题的形式，来提炼这个道德认知。[2] 如果我们想要在与陈述句的真值**相类似**的意义上谈论道

---

[1] 英译本中此处为"a claim to rightness an alogons to the claim to truth of assertoric state ments"。——译注

[2] 英译本中对应于此句的是："**But the problem is better understood in terms of a relationship between the corresponding claims to validity.**"意为："这个问题最好理解为相应的有效性主张之间的关系。"——译注

德的"真值",我们就必须把[1]相似的方面和不同的方面区分开来。之所以要把道德的有效性主张与断言的有效性主张**相比较**，一个强烈的动机是我们并不认为用理由去争议道德言论是没有意义的。当然，这两种主张并不能**等量齐观**，这是因为道德的有效性主张缺乏指涉一个**独立于我们的描述而存在的**对象世界的本体论内涵。"事态之持存"（Bestehens von Sachverhalten）的存在论含义，与请求注意并要求行动者去做某事或避免做某事的道德命令的义务论含义，是彼此对立的。可认识的客观世界是我们发现和遭遇的，而我们能够从道德的观点去判断的人际关系的社会世界，则在一定程度上是首先由我们造成的。**道德判断和实践商谈本身就是进行着的建构活动的组成部分。**

就理论理性的使用而言，提出"建构"与"发现"之间的关系问题也并不是无的放矢，但建构性预期是服务于对事态之认知把握的，而实践知识则是指导行动的。[2]在这两种情形中，起点（terminus a quo）和终点（terminus ad quem）换了位置。在理性的实践使用中，自由意志约束自身，而理性的理论使用

---

[1] 英译本此处加"**in the procedures of justifying one and the other**"，意为"在为一种和另一种真值辩护的程序方面"。——译注

[2] Mattias Vogel and Lutz Wingert（eds），*Wissen zwischenEntdeckung und Konstruktion: ErkenntnistheoretischeKontroversen*（Frankfurt am Main: Suhrkamp, 2003）（收入论文的作者有 Wolfgang Detel, Ian Hacking, Thomas Nagel and Hilary Putnam, 等等）。

没有给出机会，去思索理性和意志之间的组合。因此，把商谈伦理学描述成"认知主义的"，其意思不应当被误解为说它是道德实在论的一个版本。虽然并不存在独立于我们的道德实践的道德事实，但道德判断和规范仍然能被判断为对的或错的，因为"社会世界"对它们施加了限制，虽然这种限制的方式不同于客观世界对于能够为真或为假的陈述所施加的限制。当然，我们发现自己事实上置身其中的社会语境，很难说对这种与有效性相关的限制是具有建构性的。因为现存的规范反过来要面对批判性的追问，亦即它们是否值得它们的适用对象的社会承认。

社会世界之交往构成对于我们的道德判断施加的限制的第一个例子，是由普遍化的原则提供的。根据这种原则，只有那些能够被所有受影响的人在平等考虑每个人的相关主张这个视角下基于好的理由而接受的道德判断和规范，才是有效的。把他者平等地包容到一个被同意之规范的包容性世界中，是一个建构起来的视角；在道德判断那里，正是这种视角取代了断言性陈述对客观世界的超越特定辩护情境的指涉。虽然一个理想地构成的社会关系世界所提供的这个参照点，解释了道德正当性主张的认知特征和内在于特定辩护情境的含义，但理想并非只此一种。因此，必须首先表明，由个人主义-平等主义建构的、具有正当秩序的人际关系的包容性世界，并不是众多构想中的一个，而是深刻地植根于所有社会文化生活形式的交往构造之中。

　　因此我曾努力用这样的方法来论证正当与真理之间的类似性，即表明在我们版本的"目的王国"与实践商谈的交往预设之间有一种内在的联系。[1] 为此目的，我使用了这样一条演化论论据：在正义的历史概念之多样性与判断道德-实践冲突之商谈程序之间，有一种不断增加的聚合。最早在部落社会和早期文明的特殊主义语境中采用具体观念形式的那种正义观念，随着不断增加的社会复杂性而逐渐失去其实体内容，直至最终"正义"的命题内容退守到**公平判断**的程序形式之中。共同体礼俗（Gemeinschaftsethos）解体和世界观多元主义增长的情形表明，为什么用来判断道德原则和规范是否值得承认的那种理念，溶解成了商议的程序正义观念。**正义**的语义内容与**公平**这个程序观念——它以一种通过商谈达成的协议而发挥作用——交汇在一起了。

　　这种聚合可由以下事实得到解释：在道德判断形成（moralische Urteilbildung）的情形中，论证的交往预设不但涉及内容调集的语义层次和论据交换的语用层次，而且涉及**参与者自身的主观品性**。也就是说，谈实践问题时，论证的预设蕴

---

[1] Habermas, ‘**Rightness versus Truth: On the Sense of Normative Validity in Moral Judgements and Norms**’ in Habermas, *Truth and Justification*, trans. Barbara Fultner（Cambridge: Polity, 2003）, pp. 237–76.

含的不仅仅是必要的语义内容（相关的主题和贡献，可靠的信息和理由）发挥作用，以及更好的论证会一锤定音。因为实践商谈这种交往形式和道德问题的意义都植根于同样的以交往方式实现的社会化模式之中，所以，依赖于参与者之主观性的语用预设——一个人自己言辞的真诚性以及对他人言辞的同等考虑——在这里就获得了一种直接的实践含义：它们责成参与者在表达对价值与需要的一种共享的解释时，要本真地表达自己并完成G. H.米德所描述的**相互采取各自及对方的世界诠释视角**（reziproke Übernahme der jeweiligen Selbstund Weltdeutungsperspektiven）所要求的那种移情行为。在实践商谈中参与者的根本任务是克服这些视角差异。

行动的冲突总是发生于价值取向各异的社会对手的对抗。从道德的观点看，也可以说这种对抗变成了商谈参与者数量相当的各自主张的冲突。因此，未决问题之正确解决，就在于有让人信服的理由去适当地——亦即**充分包容地**——扩展参与者用来解释和评价问题的那个共享视角。与"真理"不同，"正当"之所以是一个与认识有关的、亦即内在于辩护的有效性主张，是因为在道德问题上，商议地达成一致，与充分包容地扩展共同采纳的解释和评价的视角，乃**是同一回事**。在这篇论文最后，我还接触到了一个思辨的问题，这就是，历史地看，是否有必要用一种更高层次的"伦理决断"把"真"与"假"的二值编码传递给实践问题。因为可用商议方式回答的正义问题的这个子集，最初就是这样构成的。这种考虑引起了一种"类的伦理学"的希望，那是我在其他的语境中处理的问题。[1]

（8）卡尔-奥托·阿佩尔和我最初合作发展了商谈伦理学的进路。因此，我想到要做出一番解释[2]，特别是由于我试图把这种进路富有成果地运用到法哲学上之后所出现的那些分歧。但是在这里，我只能提醒读者注意如下尝试，亦即由于法律规范更复杂的结构，在实践商谈的体系内部就需要确定法律商谈与道德商谈的差异。我之所以要向读者推荐我对阿佩尔那极有容量的批评的简要回复，[3]也因为它还阐述了真理商谈、道德商谈和法律商谈之间的关系，同时又导引到政治理论的规范基础问题。

---

[1] Habermas, *The Future of Human Nature*, trans. Hannah Beister, Max Pensky and William Rehg (Cambridge: Polity, 2003) .

[2] Habermas, *Between Facts and Norms*, trans. William Rehg (Cambridge: Polity, 1996) .

[3] Habermas, **'On the Architectonics of Discursive Differentiation'**, in Habermas, *Between Naturalism and Religion*, trans. Ciaran Cronin (Cambridge: Polity, 2008) , pp. 77–98.

第四章

政治理论

虽然政治哲学这个学科的经典——从亚里士多德经过霍布斯到卢梭和康德的著作——仍然仿佛是我们的同时代作品，但政治理论依然是特别紧密地与它们的起源背景联系在一起的。因此，我想先就1945年的世界历史性的重大时刻之后我这一代人所处的情况说几句。对我们来说，面对纳粹体制之罪行的揭露而**不**采取立场，是不可能的，不管这种立场是辩护的还是自我批判的。尽管我只是在完成大学学习之后才开始从学术上处理广义上的政治问题，也就是马克思主义的社会理论，一般的宪法理论和政治社会学，但对我们来说，对我国民众广泛支持纳粹政权这个事实做出政治争辩，至今仍然不只是诸多话题当中的一个无关痛痒的话题。

因此"民主在德国"也成了我们测量当今政治的尺度。早期联邦共和国的政治文化的特点是脆弱的民主建制和几乎未曾松动过的极权式心态之间存在的鸿沟。就像在几乎所有职能领域一样，学术界的人事连续性也没有中断。旧政权的知识分子先驱们，除了少数例外，在去纳粹化过程中毫发无损。他们不为批判所动，不认为有理由做自我批判。在我看来，反共产主义外衣下不受阻碍地维系着的那种人事和心态的连续性，从一方面保持着对于滑向实行民主之前的德国的权威主义行为模式和精英思维定势与恐惧——就我而言，这种恐惧甚至延续到了1980年代。而我们用来对付阿登纳时代令人不安形象的反反共产主义（Antiantikommunism）立场，则本身在另一方面遭到"全权主义"思维的指控。

联邦德国的心态方向之争不仅在大学导致了学生运动过程中的两极分化，而且至今仍在有关"1968"遗产的争论中影响着我们。置身于这种混乱之中，我尽最大可能想把知识分子的角色与学者和大学教师的角色这两个方面分离开来。通过对相应文本的呈现方式，这种区别也将比较清楚。然而，把出版物区分为学术论文和"政治短论（Kleine politischen Schriften）"并不总是轻而易举的事。[1]

政治判断受其产生背景影响，但不一定总被扭曲。批判的经验所引发的分歧，可以动员起诸多正当的理由来。在纳粹政权的**民族主义、极权主义、唯意志主义**特征当中体现了一种政治病理学，从中我们是可以有所学习的。如果我们的出发点是掌握政权者获得敲定具有集体约束力的决策权，三个问题就随

---

[1] 英译者在这里加了一个注，译成中文是："从1960年代之后，哈贝马斯已经在一个名为'KleinepolitischeSchriften'的系列中出版了他面向更广泛的而非主要是学术的公众的政治论集，迄今已出版了十二卷。这些集子的多种英译本都各有标题，最近的一种是 *The Lure of Technocracy*（= vol. XII of the 'short political writings'）。"——译注

之而出现：掌权者为之做出政治决策的那个集体，是如何被界定的？谁有资格获得政治权力，并有权做出有约束力的决策？行使政治权力的媒介，本身如何把握？对于这些问题，纳粹意识形态提出了具有致命错误的答案，分别是"民族与命运共同体"、"政党与领袖"以及"决断与自我主张"。

民族主义的"民族"（Volk）观不但无视民众的文化和世界观的异质性以及民主宪法的个人主义，而且在更普遍层面上忽视一种功能上分化的**社会**的复杂性。**威权主义**领袖所代表的统治必须策划群众的欢呼，并以镇压回应反对派的声音，因为它用执政党的意志取代其公民的纷杂立场。它只能用暴力来补足自发合法化的赤字。最后，在政治权力之行使与随时准备采取暴力之生存论自我主张之间的那种**意志主义**混淆，抛弃了权力媒介的认知维度。合法的权力是交往地产生、行政地运用的，以便为追求集体目标而动员各种资源。政治行动之具有党派性，并不是因为它本质上是一个决断问题，而是因为有错误风险的集体决策会向不确定的未来延伸。

不确定条件下集体行动中的决断主义残余物，仅仅是与追求集体目标相伴随的高合理性期待之阴暗面。政治行动的特点在于，在具有集体约束力之纲领的形成、确定和实施的所有阶段中，**采取立场和解决问题之间具有内在联系**。包容和商议这个两个民主政治的根本特征已经把这种关系考虑在内。民主程序旨在释放**所有**公民的交往自由，并在商谈地形成意见意志的条件下，将他们的党派性转变为一个政治上组织起来的社会加诸自身之合法影响——也就是既**实现利益普遍化又具有高效率的影响**——的生产能力。

如果我们从一个病理学家的眼光观察法西斯主义，那么受到商谈启蒙的公民政治意志形成本身就呈现为一个适当的治疗学目标——同时也是一种那时仍深陷于威权心态之中的政治文化得以民主化的手段。这也能解释我对政治公共领域之形式和结构转型的理论兴趣。[1] 与通过一个民族得以整合的政治共同体的民族主义图景形成鲜明对比的是，这种视角揭示了国家与市民社会之间、国家与功能分化之子系统之间的复杂联系。此外，政治大众传播的模式为比较威权的与民主的统治形式的合法化条件提供了基础。最后，政治的意志形成的交往液化[2]显露出，在合理化的动力机制中有某种东西，时间长了也可望改变政治权力的物态。前民主之国家权力的那种不透明内核，就连民主国家在对付内外"敌人"时也依然保留的这种内核，也有可能消融于公共商谈的媒介之中。

---

[1] Jürgen Habermas, *The Structural Transformation of the Public Sphere: An Inquiry into a Category of Bourgeois Society*, trans. Thomas Burger and Frederick Lawrence（Cambridge: Polity, 1992）（德文版出版于 1962 年）。

[2] 之所以把原文中"verflüssigung"一词直译为"液化"，是因为"液化"表达"稀释"、"非固态化"、"使得流畅"的意思，与本句后面的"物态"（aggregatzustand）一词也形成呼应。英译本也把"verflüssigung"直译为**"liquefaction"**。——译注

对我来说，优先于任何理论[1]，民主的关键除了公民的政治参与，就是理性的政治意志形成的商议模式。我在其中试图澄清此问题的联邦共和国早期的研究氛围，是由四种智识潮流所塑造的：我在法兰克福的社会研究所接受的社会批判理论；卡尔·施密特和他的学生倡导的宪法理论，这种理论把一种实质论的国家（substantielle Staat）与多元社会相对立；汉斯·弗雷耶尔（Hans Freyer）、阿诺尔德·盖伦和赫尔穆特·舍尔斯基（Helmut Schelsky）所发展的对工业社会中国家的技术官僚式统治论描述；以及最后，约阿希姆·里特尔对黑格尔法哲学的新亚里士多德解释，这种解释启发了"明斯特学派"（Münsteraner Schule）的工作。[2]

批判理论加深了我对民主、国家和经济体系之间不稳定联系的认识。宪政国家以公共利益为导向，保障其公民享有平等的自由、交往和参与的权利，[3]这种导向与限制财税国家机器之行动范围的市场经济的迫令之间，存在内在的张力。当国家本身已经分化为功能系统之一，政治共同体必须通过锚定于市民社会的公共领域保持沟通和决策渠道的开放，从而确保社会作

---

[1] 英译本中对应于"理论"的是"**theoretical interest**"，意为"理论兴趣"。——译注

[2] 这是指黑格尔研究领域围绕德国明斯特大学（**Westfälische Wilhelms-Universität Münster**）教授 Ludwig Siep 形成的学术圈子。——译注

[3] 英译本此处加"**and social rights**"，意为"以及社会权利"。——译注

为整体能够对自己行使民主影响。因此，民主实践所体现的规范意义，不可避免地与功能上分化的社会的惰性、复杂性和顽固性发生摩擦。

此外，"事实性"和"规范性"之间如何吃力争斗的问题，解释了为什么我认为政治理论是重构为程序的——就此而言是充满规范内容的——社会理论的一部分，而不是对"良序"社会的一种纯粹的哲学构造，或者仅仅是经验性的政治社会学。[1]旧批判理论深受法西斯主义和斯大林主义这样的历史经验的影响，以至于它在原则上就将政治统治理解为极权统治。《启蒙辩证法》也是一部极权主义论。霍克海默和阿多诺在第二次世界大战后实施的改革主义教育方案，在批判理论本身中找不到系统性位置。但与此相反我对干涉主义国家能够对资本主义经济施加民主影响力的范围感兴趣。其时凯恩斯主义十分流行。[2]对

---

[1] 第一个导言中介绍的理性重构的方法在社会学中遭到广泛的误解，而颇为有趣的是，在政治学中却得到了同情的反应，参见 Daniel Gaus, *Der Sinn von Demokratie* (Frankfurt am Main: Campus, 2009)，pp. 222-34; 最近的一个综述参见 Gaus, "Rational Reconstruction as a Method of Political Theory between Social Critique and Empirical Social Science", *Constellations* 20/4 (2013) : 553-70; also Markus Patberg, "Suprastaatliche Verfassungspolitik und die Methode der rationalen Rekonstruktion", *Zeitschrift für Politische Theorie* 53/3 (2014) : 80-98。

[2] 在为 Habermas et al., *Student und Politik* (Neuwied: Luchterhand, 1961) 所撰写的理论性导言以及在 *Structural Transformation of the Public Sphere* 中，我尤其提及奥地利马克思主义者 Karl Renner 和凯恩斯主义者 John Stratchey，以及在德国宪法教师协会 (Vereinigung der DeutschenStaatsrechtslehrer) 1952年年会上 Wolfgang Abendroth 和 Ernst Forsthoff 之间的著名论争。

一种马克思主义的功能主义——它把法治和民主只看做是应变量，我则一直持怀疑态度。

斯皮罗斯·西米蒂斯（Spiros Simitis）引起我关注魏玛时期主要宪法学家之间的著名争论。具有讽刺意味的是，在这些法律专家中，卡尔·施密特在战后留下了最有争议但也最有影响力的痕迹。他的信徒们照"亦拒亦迎的现代主义"（reluctant modernism）的样式适应了新的形势，并使讨论步步走高。[1]施密特派沿着右翼黑格尔主义的方式，带着反自由主义的意图，把国家、经济和社会之间的关系主题化。按照这一解读，政治公共领域被视作这样一个论坛，在这个论坛上不同利益集团和政党的不和谐噪音取得议会前和议会外的影响，从而削弱了国家统一意志的实定性。在我看来，把国家权力之"实质"召唤过来，去抵制一个自我组织的社会的碎片化和松散化倾向，相对于赖商议精神而生的民主理论来说，是提供了一个有启发性的反向模型。

"通过公共性把国家的活动合理化的动机"，也解释了《公

---

[1] 像恩斯特·福斯特霍夫和维尔纳·韦伯这样的教授不但在学术界，而且在早期联邦共和国的政治光谱中都属于自由—保守的"社会中坚"，参见Ernst Forsthoff and Carl Schmitt, *Briefwechsel 1926—1974*（Berlin: Akademie Verlag, 2007）。卡尔·施密特学派系统地用心地招募青年才俊训练新一代的法律专家。在埃布拉（Ebracher）的暑假课程赋予了被排斥的卡尔·施密特一个秘密宗派领袖的神秘色彩，参见 Dirk van Laak, *Gespräche in der Sicherheit des Schweigens: Carl Schmitt in der politischen Geistesgeschichte der frühen Bundesrepublik*（Berlin: De Gruyter, 1993）。

共领域的结构转型》中对资产阶级民主之起源的某种理想化。[1]当时我所缺乏的，与其说是历史的例子，不如说是商谈理论的概念工具，以用来在经验材料的基础上发展出一种明确的商议政治的规范概念。但是，在与亦拒亦迎的现代主义的另外两位代表的争论中我明白了，用商谈方式稀释政治权力的强力核心，为何必定是**无法**设想的。

阿诺尔德·盖伦的标志性说法是，社会的功能系统，即国家和经济、科学和技术，是"超稳定的"，体现了后历史（posthistoire）的"凝结状况"。这种说法鼓励了当时在美国和法国也风靡一时的技治论的一个相当具有德国特点的变种。这一解读的反民主锋芒来自这个假设：功能分化和相互稳定的子系统的"客观法则"没有为对实际问题进行已变得多余的政治审议留下任何余地。[2]这一理论可以被理解为系统功能主义的一种

---

[1] 我在对 Reinhart Koselleck 的博士论文 *Kritik und Krise* 的一篇书评（in *Merkur* 5 [1960]: 468-77）中使用了这个表达式。我在那里的论证涉及有关法国启蒙运动的讨论："根据它自己的观念，政治决策的公共特征被认为有可能颠转那个（霍布斯式的）原则'权威而非真理才是法律的制定者'（*auctoritas non veritas facitlegem*）——也就是说，通过合理的公共讨论使国家的行动与关于民族利益——实际就是资产阶级的利益——达成一致。这里的意图并不是要把政治本身道德化，而是要通过公共性原则把它合理化……同时，不管这个意图在多大程度上作为一种意识形态发挥作用，它都包含着这样的观念：政治权威会通过这种公共领域的媒介而得到理性的疏通，而统治的物态将经历一种转变。"（p. 472）

[2] Habermas, *Toward a Rational Society*, trans. Jeremy J. Shapiro（Cambridge: Polity, 1987）.

基于人类学的先驱；然而，它缺乏对尼克拉斯·卢曼所提供的对于系统合理性和目的合理性之间关系的基本概念澄清。[1] 与施密特们的带光环的决断论形成鲜明对比的是，盖伦和舍尔斯基为政治运作描绘了一幅经过社会学去魅、经过科学技术装扮的图景，它通过实情强制减轻了决策成本和负担，因此不再需要民主了，即使它只是作为大众欢呼的背景。[2]

针对上述两方面的简单化，可以提到亚里士多德对**实践**与**技艺**的区分，以及旨在平衡利益的政治行动的道德-实践逻辑。但另一方面，诉诸亚里士多德，就套上了那个把政治共同体视为**整个**社会之中心的前现代政治概念的沉重遗产。因此，约阿希姆·里特尔把一种国家和社会的二分图景，衔接上那种对黑格尔法哲学的分化读法。根据里特尔的说法，已经发展成为"工业"社会的"市民"社会[3]，将自己作为一个结构上自主化了的自然基础从生活世界的历史视野中抽离出来，而在其私人自主权中受

[1] Niklas Luhmann, *Zweckbegriff und Systemrationalität* (Tübingen: Mohr Siebeck, 1968). 卢曼在下述文献中发展了对他的政治理论的一种更为多元化的解释，参见 Luhmann, *Political Theory in the Welfare State*, trans. John Bednarz, Jr (Berlin, New York: W. de Gruyter, 1990), and Luhmann, *Die Politik der Gesellschaft* (Frankfurt am Main: Suhrkamp, 2000)。

[2] 关于对决断论模式和技术统治模式的批判，参见 Habermas, "Verwissenschaftlichte Politik und öffentliche Meinung", in Habermas, *Technik und Wissenschaft als 'Ideologie'* (Frankfurt am Main: Suhrkamp, 1968), pp. 120–45。

[3] 此处"'市民'社会"一词对应于德文中的"'bürgerliche' Gesellschaft"，既有"市民社会"（即英文中的 civil society）的意思，也有"资产阶级社会"（即英文中的"bourgeois society"）的意思。

到保护的法人，则被释放到摆脱社会组织约束的主观自由领域。

这种观念的优点是重视法治国（Rechtsstaat[1]）的成就。然而，根据这种观点，相对于自组织社会之进步，由历史塑造的文化的那些受保护领域只发挥一种避震器般的防御性作用。它仅仅补偿社会现代化的成本，并滋养了一种用新亚里士多德主义方式解释的公民实践，这种实践从根本上依赖于那些"守持性力量"，亦即依赖于对于宗教传统和民族传统的诠释学袭用。此外，实践（proxis）和明智（phronesis）这些亚里士多德式的观念过于薄弱，不能赋予政治话语以使受法治国驯服的政治统治合理化的力量。我在进行有关理论与实践关系的哲学史研究时，已经围绕如何理解政治实践的理性内核而展开了。我对杜威的《确定性的寻求》所启发的政治实践科学化的初步反思，也没有让我走得太远。[2] 只有商谈伦理学的取径才能公正对待那个把利益普遍化的、总体上是认知性的维度，并且指向一种法律和宪政民主的商谈理论。

这个项目我是于1986年从坦纳讲座开始的[3]，并在接下来的五年中通过与一个跨学科的法律理论工作坊的合作，实施这项

---

[1] 英译本把"Rechtsstaat"译成"**constitutionalstate**"，意为"宪政国家"。——译注

[2] Habermas, *Toward a Rational Society*, pp. 65ff. and 74ff.

[3] Habermas, 'Law and Morality' (1986), in Sterling M. McMurrin (ed.), *The Tanner Lectures on Human Values VIII* (Salt Lake City, UT: University of Utah Press, 1988), pp. 217-80.

研究。[1] 在完成《在事实与规范之间》之后，我一方面讨论了出现在民族国家框架内的民主、法治和政治文化之间联系的不同方面（第一至三节），另一方面讨论了民族国家在后民族结构中面临的挑战。[2]

一　民主

（1）在法国大革命200周年即将到来之际，我发表了一篇

---

[1]　See the preface to Habermas, *Between Facts and Norms: Contributions to a Discourse Theory of Law and Democracy*, trans. William Rehg（Cambridge: Polity, 1996）.

[2]　事实上，我反复议及的欧盟的发展这个问题也属于当下的语境。在关于这个主题的不同文章里，我已经尽我所能地跟踪广泛的经验研究文献；尽管如此，我的分析是如此紧密地与我在当代议题上承诺的立场交织在一起，以至于我必须把欧洲问题的讨论撤在一边，参见 Habermas, "Does Europe Need a Constitution? Response to Dieter Grimm"（1995）, in Habermas, *The Inclusion of the Other*, trans. Ciaran Cronin（Cambridge: Polity, 1998）, pp. 155–64; Habermas, *The Divided West*（2004）, trans. Ciaran Cronin（Cambridge: Polity, 2006）, Part II; Habermas, *Europe: The Faltering Project*（2008）, trans. Ciaran Cronin（Cambridge: Polity, 2009）; Habermas, *The Crisis of the European Union*（2011）, trans. Ciaran Cronin（Cambridge: Polity, 2012）; and Habermas, *The Lure of Technocracy*（2013）, trans. Ciaran Cronin（Cambridge: Polity, 2015）. 相应的文本最早发表在 *KleinepolitischeSchriften* 系列的卷次中：Habermas, *Die Zeit der Übergänge*（Frankfurt am Main: Suhrkamp, 2001）（specifically the essays: "Euroskepsis, Markteuropaoder Europa der（Welt）Bürger" and "Braucht Europa eineVerfassung?"）; Habermas, *Der gespaltene Westen*（Frankfurt am Main: Suhrkamp, 2004）（specifically: "Der 15. Februar-oder: Was die Europäerverbindet" and "Ist die Herausbildungeinereuropäisch enIdentitätnötig, und istsiemöglich?"）; Habermas, *Ach, Europa*（Frankfurt am Main: Suhrkamp, 2008）（特别是："Europa und seine Immigranten" and "Europapolitik in der Sackgasse"）。

演讲，回顾了共和民主的革命性开端，并反思了这一日期在特别是法国的前共产主义历史学家中引起的矛盾的学术反响。[1] 事实上在此场合之外，也有充分的理由追问，原初的革命精神的痕迹是否在当今常规化的宪政民主体制中完全被扼杀了，或者智识起源的余烬是否在某种程度上仍然在每一种能够抵御危机的民主秩序中闪耀着光芒——尤其是，与陈腐传统决裂的追忆，接受新开端的勇气，以及对文化自明性和惯习实践采取一种反省立场的意愿。民主与这样一种观念联系在一起，即公民不仅仅作为个体应把自己的命运掌握在自己的手中；而且，他们作为共同实施的意见形成和意志形成过程的参与者，也有责任成为社会和政治命运的创制者。在社会复杂性的条件下这个想法如果要现实地引起（并继续保持）共鸣，那么它就必须落实在宪政国家的种种建制当中，落实在其公民的实践当中。

然而，建构这些制度的基础在不断变化。如果公民要赋予他们的信念和利益以公共的效力，就必须富有活力地利用他们以无政府方式释放的交往自由。另一方面，民众越是已经习惯于民主自由，就越愿意充分行使自己的权利。民主法治国依赖于以公共利益为导向的不能在法律上被强制的动机，不论这种动机的份额有多少。因此，其动员力量——马克思和恩格斯在

---

[1] Habermas, 'Popular Sovereignty as Procedure' (1988), in *Between Facts and Norms*, pp. 463-90.

《共产党宣言》中颂扬的生产力高度发达的经济社会中的资本主义动力，必须在市民社会的文化动力中找到一种抗衡。否则，"创造性破坏"（熊彼特，Schumpeter）的政治上未被驯化的动力，将撕裂本来就只能以抽象形式维系的那种绷得过紧的公民团结纽带。

自由平等的人们为自己立法这种民主观念的乌托邦火花，随时都可能从日常生活的灰烬中迸发为毅然捍卫被侵犯之权利的火焰；只有维持住这种火花，公民们才能避免将他们的集体命运托付给悬在其头顶运作的自我规制系统的离心力。这一人民主权（Volkssouveränität[1]）概念如何能在功能分化的日益复杂的社会生活中保持一席之地？在上述讲座中，我提出了将在《在事实与规范之间》第七和第八章中发展的三种概念取向。

古典共和主义学说仍然执着于人民是主权力量之化身这种虚构。交往理论的取径把这种具象的解读转译成商议政治的交往程序和形式，后者支持了这样一种假设：所得出的决策是受理性驱动并指向学习过程的。"人民之体（Volkskörper）[2]"，自治的"自我"，散布在其作用是赋予合法化的商谈和决策所需要

---

[1] 英译本中此处对应的是national sovereignty，但在哈贝马斯著作的英译本中，Volkssouveränität一般都译为pupolar sovereignty。——译注

[2] "Volkskörper"一词有多重意思，英译本把它译成 **body politic**，意为"政治之体"，大体是正确的，但无法表达德语"Volkskörper"一词中的"Volk"即人民或民族、种族的意思，更无法与前面的"Volkssouveränität"即"人民主权"形成词源和意义上的明显联系。——译注

的能力当中。人民的主权意志消融在种种交往循环的复合总体之中，尽管由商谈的意志形成过程的各个层面所构成的合法化链条，当然是必须**锚定**在公民的选举决定中。

在对"人民主权"进行交往论转译的道路上，一个绊脚石是国家机器分化为一个权力导控的功能系统，它不再处于社会[1]的"顶峰或中心"（卢曼语），而只是其诸多部分之一。这反映在公民的交往权力和国家机器的行政权力之间的差别上。公民不仅通过（诉诸）政治公共性，而且通过选举和代议对国家机构的议程产生影响。通过这种方式，他们产生以"相关议题"和"良好理由"为流通手段的交往权力；国家贯彻政治纲领所使用的行政权力，则反过来从这一来源获得其合法性。交往权力转化为行政权力的这道门槛提醒我们，社会会用间接方式对自身施加民主影响。

另一方面，"人民"，即使它并不亲自实行统治，并不就意味着允许政府仅仅以"它的名义"进行统治。一个能够接受公民社会（Zivilgesellschaft）[2]之交往冲突的公共领域，构成了

---

[1] 英译本中对应于"社会"的是"**a decentralized society**"，意为"一个非中心化的社会"。——译注

[2] 英译本中对应于此处"公民社会"一词的是"civil society"，它常常也被用来翻译德语的"bürgerlichen Gesellschaft"一词，而后者也有"资产阶级社会"的意思。为了区别于"bürgerlichen Gesellschaft"，此处把同样对应于英语词"civil society"的德语词"Zivilgesellschaft"译成汉语的"公民社会"而不是"市民社会"。——译注

国家建制与生活世界之共振板——它会对需要政治规制之功能紊乱的外在成本做出反应——之间的通道。然而，从历史的角度来看，政党作为大众媒体公共领域最有影响力的行动者，已经在某种意义上改变了角色，也就是说：从市民社会（Bürgergesellschaft[1]）的代言人和代表转变为非官方的国家行政机构。因此，一面是仿佛自上而下有组织地筹集大众忠诚的过程，一面是来自市民社会细胞的自发的意见和意志形成过程，这两个对立过程是**如何相互渗透**的，这是一个经验性的问题。公共商谈的生命力、洞察力和水准，在很大程度上取决于一种政治文化——它塑造了人们的正义感和想象力——的语义潜能、深度和表达能力。

如果我们把商议政治的程序观念作为民主理论的核心，那么它与共和主义的和自由主义的传统之间的差异就都变得显而易见了。商议模式在政治观念史上一直是一个相对薄弱的声音；因此，在将民主的三种规范模式并列起来时，与其说我感兴趣的是一种历史的比较，不如说我是想从一种系统的视角出发做一种轮廓鲜明的比较。[2]这三种理论进路各自对国家和市民社会以及政治进程形成了截然不同的观念。由于商谈理论并不主张

---

[1] "Bürgergesellschaft" 这个词中的 "Bürger" 可以指 "Staatsbürger"（公民）但不限于此，其指意更多元。——译注

[2] Habermas, 'Three Normative Models of Democracy', in The Inclusion of the Other, pp. 239–52.

让商议政治的实现取决于能够采取集体行动的公民，而是取决于交往的形式和制度化的程序，它打通了与民主过程之社会科学间距化观察之间的联系。[1]但是，它没有把婴儿与洗澡水一起倒掉。共和主义学说赋予政治意志形成过程的那种过高美德预期，商谈理论并没有用个人利益朝着成问题之"共同福利"聚合的自由主义博弈取而代之。相反，在它那里，日常交往实践的生活世界背景，提供了一种前政治的、与公民政治意识相关的"团结"之源。作为社会由之而被整合成一个整体的媒介，"团结"可以针对"市场"和"国家权力"这另外两种整合的媒介形成一种抗衡。

这种理论比较提出了如何将商议模型与经验研究相匹配的问题。2006年，我在"国际媒体和传播研究协会世界大会"的演讲谈到了这个问题。[2]对小规模群体的社会心理学研究，可以对归于政治商议的理性潜力做直接检验。而政治学则相反，处理大规模交往过程（Kommuniktionsprozessen[3]）。人民主权隐身于民主的意志形成程序、隐身于这些程序之要求高低不等的交

---

[1] 英译本中对应于此句的句子可译为"在参与者的视角和科学观察者对民主进程的客观化观点之间建立了联系。"——译注

[2] Habermas, 'Political Communication in Media Society: Does Democracy Still Have an Epistemic Dimension? The Impact of Normative Theory on Empirical Research', in Europe: The Faltering Project, pp. 138–83.

[3] "Kommuniktionsprozessen"这个词在传播学和政治学中通常译为"传播过程"。——译注

往形式的法律落实之后，政治交往之回路要**作为整体**在**不同领域和不同层次**——在市民社会、政治公共领域和国家机构——产生合法影响就必须满足的那些功能，相应的经验研究就必须予以关注。针对商议政治概念的许多经验性异议是无的放矢的，因为它们是以合法化过程的一幅不够充分复杂的图像为起点的。

一个例子，是这样一幅关于在场者之间商谈的图像，这种商谈在理想条件下会履行好几种功能。这种商谈应当动员起相关的主题、必要的信息和适当的贡献；它应当鼓励立场对立的各种不同表态，并使得有可能根据良好的理由来评价它们；最后，它应只允许理性地激发的决策去影响程序上正确的决策。就大规模合法化进程而言，这样一种概念上的预备工作是不可或缺的，即为这些不同的功能指定不同的交往形式和交往领域，必要时（例如在司法中）甚至要指定具体的商谈类型。上面提到的那个讲演主要涉及大范围公共领域中的大众交往（Massenkommunikation）对合法化过程的非正式贡献。从规范的视角来看，这一过程可限于从市民社会、政治和功能性子系统代表的输入中，筛选出与社会有关的问题和有争议的立场，筛选出必要的信息和适当的论点，并将其处理成"已发表"意见（"veröffentlichten" Meinungen[1]）。经过进一步根据公

---

[1] 此处也可译成"已公共化的意见"，即一种"意见（Meinung）"经过"公共化（veröffentlichten）"变成了"公共意见（öffentliche Meinung）"，中文通常也译为"舆论"。——译注

共立场（Stellungnahmen des Publikums）权衡这些问题、立场、信息和论点，从中就可能形成多少具有反思性的"公共"意见（"öffentliche" Meinungen）。后民主状况是怎样的，从这些复杂的公共性结构之分崩离析（如那些"因民粹而脱轨"的公投）的烦人症状中，可以清楚地看到。

二 宪政国家

政治理论和法律理论之间的学科分界，政治学和法理学之间的学科分界，不应遮蔽在法律和政治权力之间存在的一种内在的也就是概念上的联系。我们在国家法这种媒介中所观察到的那种强制力与规范有效性要求的混合，其历史渊源可追溯到早期文明中以国家为组织形式的统治。事实性和有效性之间的张力以反向方式体现在政治权力和法律这两个组成部分中：政治统治支配强制手段，但其授权来自合法的法律，而法律呢，它产生合法的有效性，但其强制支持和实施则来自国家权力。[1]当然，在古代帝国中，政治与法律之间的威严联系的基础，仍然是诉诸上帝或宇宙秩序并把可靠性赋予**超社会的权威**来源的"强"传统的合法化效力。只是随着法律的实定化和权力集中于现代的垄断暴力的国家机器，世界观的元社会权威（die

---

[1]　Habermas, *Between Facts and Norms*, pp. 133–67.

metasozialeAutorität）才会被吸纳到社会本身当中，社会的正当性从此就必须由它自己产生。面对这种挑战，十八世纪的两次宪政革命提供了不同的答案，不过这两种回答重合于这一点上：在民主与法治之间建立那种以理性法[1]为依据的联系。

一旦主权统治者成为政治立法者，对法律的合法性和政治权力的合法性就会提出同样的问题：如果政治立法者的权力与其所产生的法律秩序都是仅仅奠基在主权者任意意志（Willkür）的实定性之上——不管主权权力体现在君主、多数代表（Mehrzahl von Repräsentanten）[2]还是人民之中，那么，它们如何能提出合法性主张呢？如果主权者依然在一种法律制度的**延伸框架**内运作，像在普通法中那样最终依赖于仲裁、习惯和惯例这些纯粹事实性的东西，这个问题同样存在。我从实定法的形式特征和法与道德的互补关系出发，试图在民主程序及其法律建制化中寻找这个问题的答案：**合法性是怎样从合法律性中产生出来的**（der Entstehung von Legitimitätaus Legalität）。[3]民主的意见形成和意志形成必须满足两个条件：所有受影响者都必须被包含在决策进程当中，而为决策作准备的商议过程必须

[1] 英译本中对应于"理性法"的是"**natural rights theories**"，意为"自然权利理论"。——译注

[2] 英译本此处对应的是"**a plurality of representatives**"，意为"代表的多元性"，可能有误。——译注

[3] Habermas, '**On the Internal Relation between the Rule of Law and Democracy**', in *The Inclusion of the Other*, pp. 253–64.

具备充足的商议品质。[1]这反过来要求这些程序必须在法律上被建制化；宪政国家必须利用法律媒介，以使得包容性的参与和商谈性的意见与意志形成过程成为可能。

当然，政治参与和交往权利以及具有赋予合法性作用的商谈的复杂网络能确保的，只是公民的**公共**自主性。然而，在现代社会生活的偶然境遇下，只有在公民们基于一种平等的和物质上有保证的**私人**自主而获得充分独立的情况下，他们才能恰当地运用其公共自主。私人自主和公共自主之间的这种辩证关系，是解决如何调和宪政国家赖以存在的两个合法性支柱这个问题的关键。在《在事实与规范之间》第三章中，我详细阐述了"人民主权"和"法治"之间的竞争性与兼容性问题，而且把这一问题纳入了美国长久以来围绕（宪法法院主导的）宪政审查的正当性而展开的讨论语境。[2]激进民主论者必须与 *democracy cannot define democracy*[3]这个自由主义原则交

---

[1] Cristina Lafont, 'Is the Ideal of a Deliberative Democracy Coherent?' in Samatha Besson and José Luis Marti（eds）, *Deliberative Democracy and Its Discontents*（Aldershot: Ashgate, 2006）, pp. 3–26. 关于我对于商议政治的专家统治错误模式的批判，参见 Habermas, 'KommunikativeRationalität und grenzüberschreitendePolitik: eineReplik', in Peter Niesen and Benjamin Herborth（eds）, *Anarchie der kommunikativeFreiheit*（Frankfurt am Main: Suhrkamp, 2007）, pp. 406–59, here pp. 435ff.

[2] Habermas, '**Constitutional Democracy: A Paradoxical Union of Contradictory Principles?**'（2001）, in Habermas, *Time of Transitions*, trans. Ciaran Cronin and Max Pensky（Cambridge: Polity, 2006）, pp. 113–28.

[3] 意为"民主无法定义民主"。——译注

192

手。这一原则是与制宪程序为自己所主张的民主合法性相矛盾的。[1]在这一点上，我并没有回避常见的悖论，而是通过以下思考来论证**民主与法治的同源性**：宪法要能确保人们作为政治公民（Staatsbürger/ **democratic citizens**）的民主政治权能，这同一批人作为社会市民（Gesellschaftsbürger /**private citizens**）的私人自主权，必须同时得到保障。在与弗兰克·米歇尔曼的辩论中，我再次解释了这个论题，所采取的形式是一种概念重构，即对最初确定立宪实践之为立宪实践的那些必要理由，进行概念重构。在此基础之上，这种概念谱系学观点使我能够发展出一种对于民主宪法的动态理解。代复一代的人们都可以重温制宪的施为意义——亦即通过实定法，特别是通过对基本权利的相互承认，在自由和平等的公民间创造一个自愿的联合体。对这样一种典范实践的直觉感受，在宪法的原始文件中清晰可见。它可以作为当代人的一种标准，用以在不断变化的历史条件下，在面对新的挑战时，与开国一代及其继任者们的决策和文本[2]做批判性的关联，以便不断地扩充和细化现有的权利系统。

---

[1] Christopher F. Zurn, *Deliberative Democracy and the Institution of Judicial Review* （Cambridge: Cambridge University Press, 2007）.

[2] 英译本中此处对应的是"**the text of the constitution**"，意为"宪法文本"。——译注

三 民族、文化与宗教

如果自由体制（freiheitlicher Institutionen）的再生产最终依赖于公民们对其交往自由的正确运用，那么，一个受到自由教育并习惯于政治自由的人群的政治文化，在这种民主观念中就有重要作用。然而，不应把这理解为似乎只有诉诸诸如民族或宗教这些"前政治之源"，宪政国家才能在其公民面前为自己提供辩护。宪政原则要有可能作为政治统治之充分世俗化和**完全法律化的实施的合法化基础而得到辩护，只有借助于后形而上学思维的平淡手段了**。另一方面，这些睿智原则也只有植根于公民们的信念和心态，理由才能成为行动的动力。也就是说，民主国家必须对公民作为共同立法者会具有一定程度的共同善取向，有所期待，即使对公民的这种动机，国家并不能，也不该做法律上的强制。一种政治文化的自由精神的作用就在这里，亦即为来自"前政治"渊源的能量留下空间，对它加以**过滤**，并将其导入**公民德性**的管道，进而为公民们提供正确使用交往自由的指引。[1]

一旦我们澄清了民族和宪政国家与民主之间的关系，这种

---

[1] Habermas, 'Prepolitical Foundations of the Constitutional State?', in Habermas, *Between Naturalism and Religion*, trans. Ciaran Cronin（Cambridge: Polity, 2008），pp. 101–13.

过滤功能就变得清楚了。从历史的角度回头看，当需要用动机来填充抽象公民团结的空洞法律形式时，前政治的源头，诸如共享的宗教背景、共同的语言以及尤其是容易被煽动的民族意识，确实是有帮助的。但是，当这些传统力量以第二天性的外貌**直接**凌驾于政治文化[1]之上时，人种（Ethnos）与人民（Demos）之间的边界就变得模糊了。而且每一种形式的民族中心主义都会掏空民主公民身份的普遍主义含义。苏联解体以后，某些政治发展[2]为我提供了去澄清"公民民族"（Staatsbürgernation/ the nation of citizens）概念和"人种民族"（Volksnation）概念的机会。[3]

同时，随着移民潮，在一些西欧社会——它们正经历着向后殖民的移民社会转型的痛苦过程——也出现了类似的冲突。不断增长的文化和世界观多元主义激起了为获取承认的斗争，旨在以一种对差异敏感的方式包容少数。在那些老的民族国家中，政治文化与业已成熟的民族多数文化已经实现了被认为理所当然的结合。这种聚合体把分化出一种平等地包容所有公民以宪法的普遍主义为核心凝聚起来的政治文化，变成一个漫长

---

[1] 英译本中此处对应于"政治文化"的是"legal culture"，意为"法律文化"。——译注

[2] 英译本中，此处为 **certain political developments in Eastern Europe**，意为"东欧的一些政治发展"。——译注

[3] Habermas, '**On the Relation between the Nation, the Rule of Law and Democracy**', in *The Inclusion of the Other*, pp. 129–54.

的过程。公民民族的概念不但在处理多文化主义问题上，而且在面对民族自决、人道干预或者欧盟宪法未来等问题上，都发挥着重要的作用。

尽管如此，捍卫这个概念要面对的挑战不仅仅来自原教旨主义——不管其源头是民族主义的还是宗教的。要更严肃对待的是把矛头对准抽象的法律和民主本身的平等主义-普遍主义基础的那种批判。[1]自由主义的一种后现代的版本试图用一些基于理性批判的异议来解构平等的观念。根据这种观点，平等自由的观念是悖论性的，因为恰恰是那些据说应该被同等考虑的个体生活计划本身的正当要求，不可避免地会被普遍规范的一种公平适用所损害。有人论证，在更仔细的考察之下，平等对待不同的案例、个人或生活历史的做法，暴露了规范的抽象普遍性实际上加在个体之不可比较的个性之上的暴力。这是一种误读，这种误读的基础是对两种视角的混淆：一者是对关心自己生活的人们的第一人称视角，一者是作为参与民主立法者一起制定调解其共同生活规范的公民们的"我们"视角。只有从这个通过交互的视角采取而克服了自我中心主义的参与者的视角出发，正义的问题本身才有可能提出。

同样没有根据的，是整体论多文化主义对文化权利和宪政

---

[1] Habermas, '**Equal Treatment of Cultures and the Limits of Postmodern Liberalism**', in *Between Naturalism and Religion*, pp. 271-311.

国家的平等普遍主义之间的相容性提出的怀疑。[1]对所有公民都提出主张的人格整全性（Integrität der Person）的平等保护，包括这样的内容[2]：确保人们能平等地进入那些对发展或保护其个人认同来说有必要性或可欲性的社会关系和传统。一个完全不同的问题，是由修复被征服或被迫整合进殖民社会之中的原住民所遭受的历史不正义所引起的。如果道德上有根据的赔偿要求导致对原住民部落社会和生活方式的让步，从而为获得集体赋权而必须付出集体权利优先于相互冲突之个体合法要求的代价，那么，个人主义的法律秩序就不堪重负了。

在宪政国家中，作用完全不同于民族或文化的是宗教，它在国家权力世俗化的过程中，已经把为统治赋予合法性的功能，让渡给经过哲学论证的理性法[3]。支撑政治文化的宗教传统可能经常会对权利体系的公平适用和发展提出挑战，有时候是一种威胁；但是同时，它们也是一种从不同方向遭受威胁的公民德性从中汲取其活力的能量源泉。加速发展的资本主义现代化的迫令创造和传播了一些时间长了就会侵蚀公民社会之规范意识的心态和观点。我们并不能确定，现代性是否总能靠其自

---

[1] 关于我与Charles Taylor的讨论，参见Habermas, "Struggles for Recognition in the Democratic Constitutional State", in *The Inclusion of the Other*, pp. 203–36。

[2] 根据英译本，此句可译为"包括这样的文化权利"。——译注

[3] 英译本中，与"经过哲学论证的理性法"对应的是**philosophical justifications of constitutional principles**，意为"对宪法原则的哲学论证"。——译注

身的文化储备——如自我意识、自我决定和自我实现等典型观念——来持续得到团结自新的灵感和力量。西方现代性赖以为生的，就是对同时保持着距离的那个传统的一轮轮辩证袭用。

尽管如此，宗教在诸多传统力量中具有特殊位置。一方面，这些可以追溯到轴心时代的"强"传统，是以它们塑造文明的持久力量而著称的。如果过早降低公共声音的复杂多样性，民主法治国（der demokratische Rechtsstaat/the constitutional state）就会削减社会确立意义和认同的稀缺资源。另一方面，民主宪法是把教会和宗教团体之政治影响中立化的国家权力世俗化的产物。被授权用合法强制手段去贯彻其决策的那些国家机构，不可以受相互竞争的宗教共同体之间的冲突影响。关于宗教在公共领域中作用的持续争论，用这种矛盾立场就可以解释，而与原教旨主义倒退所提供的现实缘由完全无关。与美国人关于民主公民对"理性之公共使用"的讨论相关联，我关注民主法治国对其世俗的和宗教的公民都暗中寄予期望的那些互补的学习过程。[1]

四 国际法的宪法化？

1989—1990年间，政治观察家们注意到一种奇怪的翻转效

---

[1] Habermas, 'Religion in the Public Sphere: Cognitive Presuppositions for the "Public Use of Reason" by Religious and Secular Citizens', in *Between Naturalism and Religion*, pp. 101–48.

应：政治性的世界事件不再从两个社会体系竞争的视角被赋予结构。在双极的全球秩序被得胜的超级大国的霸权取代后，社会理论的轮廓鲜明的参照体系被代之以国际法和国际政治的陈旧的、尚不明确的模式。这种新的视角对1990—1991年之交迈克尔·哈勒（Michael Haller）对我的详细访谈也有关键影响。[1]第一次海湾战争使我意识到的那些问题，决定了我后续的政治理论工作。更宽的论题范围突破了以民族国家为前提的框架，而我在《在事实与规范之间》中对民主和法的理论思考，仍然是在这个框架中进行的。

那时，没有任何国家，即使是超级大国，能够独自掌控世界社会（Weltgesellschaft）之复杂性的那种爆炸性局面，已经在形成。[2]而海湾战争的国际法维度——这给人道主义干预这个有争议的问题带来了新的现实性——激发了联合国将发挥更为积极作用的希望。一种经过改良的世界秩序应该使一种"世界

---

[1] Habermas, *The Past as Future*（1990）, trans. Max Pensky（Lincoln, NE: University of Nebraska Press, 1994）.

[2] Habermas, *The Past as Future*, p. 77:"随着两极对立的瓦解，变得越发清楚的是，唯一仅剩的超级大国能控制的冲突，实际上数量极少。全球经济中的发展水平悬殊，世界银行项目的失败，核武器的不受控制的扩散，被迫失去其传统文化根基的来自欠发达国家的流动人口的移民压力，所有这一切聚在一起，形成了一种既不可预期又具有爆炸力的混合物。这种情况要求有一个更为广泛有效的全球规划网络，而不仅仅是一支更为中立更有效率的国际治安力量。"

性内政"（Weltinnenpolitik）成为可能，[1] 而又无需把联合国的核心机构转变成一个世界政府。在这个背景下，欧洲一体化也获得了新的意义；世界历史似乎把"第二次机会"给了统一的欧洲。[2] 民族国家被拖进了一个加速聚合但高度复杂的世界社会的相互依赖的漩涡之中。随着1648年的威斯特伐利亚和平协议而形成的国家体系，失去了它的鲜明轮廓。对在接下来几年中会决定国际关系领域之研究议程的这些变化，我那时还缺乏"后民族格局"（postnationalen Konstellation）这个名称和概念。[3]

　　这个访谈还涉及关于人权的国际话语的一个关键问题："国际法的原则是如此紧密地与西方合理性的标准缠绕在一起……以至于这些原则在对于国际冲突的公正调节上是无用武之地的吗？"[4] 在另一个场合，我曾经在关于那时倡导的所谓亚洲价值的争论中回应这个问题。[5] 在那个文本中，我针对与"国家间正义"的可行性有关的疑问——不管这种疑问是基于理性的批判

---

[1] Habermas, *The Past as Future*, pp. 9–24.

[2] Habermas, *The Past as Future*, pp. 73ff.

[3] Habermas, 'Kant's Idea of Perpetual Peace: At Two Hundred Years' Historical Remove', in *The Inclusion of the Other*, pp. 165–202. Habermas, 'The Postnational Constellation and the Future of Democracy', in *The Postnational Constellation: Political Essays*, ed. and trans. Max Pensky (Cambridge: Polity, 2001), pp. 58–112.

[4] Habermas, *The Past as Future*, p. 20.

[5] Habermas, '**Remarks on Legitimation through Human Rights**', in *The Postnational Constellation*, pp. 113–29.

还是对权力的怀疑——对人权的普遍主义主张进行捍卫。尽管人权是出现于西方语境的，但西方也只能是这种对话中的一方。西方必须通过他者，从对自身传统的严密审视中，学会看清它自己对于人权解释中的可能盲点。

就美国以违反国际法的方式入侵伊拉克这个事例而言，我通过粗略地勾勒国际法的历史，试图把国际法的宪法化这个概念运用于阐发无需世界政府之全球内政这个观念。[1]康德的法哲学在这里再次提供了起点，用以从概念上澄清从基于国家的法律秩序向世界公民式的法律秩序的过渡。从这个视角出发，人们也可以在国际法、政治制度和社会等方面发现一些"相宜的"（entgegenkommende/accomodating）趋势——尽管自2001年以来，国际政治又向社会达尔文主义状态倒退了。

自从联合国创立以来，国际法的改革已经首先扩展到对原则性禁止暴力的承认，以及使人权之国际实施成为一种义务。与人权侵犯罪之确定相关联的，是出现了对个体公民之为国际法对象的默认，对主权国家之无罪推定的取消，以及对政府官员的刑事追责；而且最终，联合国包容性成员身份要求所有国家签署联合国宪章和人权宣言。在法理学层面上，这些发展已反映在国际法基本概念的含义变化上。例如，在联合国的文件

---

[1] Habermas, '**Does the Constitutionalization of International Law Still Have a Chance?**', in *The Divided West*, pp. 115–93.

中，"主权"这个概念意味着**国际共同体对国家的一种授权**。作为这个共同体的一个行动者，主权国家有义务去保障其公民的基本权利，以至于如果未能这样做，就有可能被迫到国际刑事法庭面前做出解释。

除了联合国本身，最为引人注目的**制度创新**是国际司法的精细化，像欧盟这样超民族实体的形成，以及在联合国之内和之外密度不断增高的国际组织网络。在迈向**超越民族国家的治理**的道路上，已经出现一些把国家法律相对化，并暗暗促成强制性法律和法律有效性这些经典概念的含义变了的实践。最终，这些政治与法律创新可以被理解为是对这样一种**社会动态过程**的反应，这种动态过程使得建构超民族行动能力成为必要。世界社会内部不断增长的相互依赖正在要求有一种这样的规制，这种规制超出了单纯的协调，要求政治程序在扩展的时间规模上对利益加以平衡并将其普遍化。

这些发展鼓励我着重设计一种全球多层次体系所必需的一些理论取向。[1]宪政国家的典范形式中相互联系在一起的三个要素，国家地位（Staatlichkeit）、民主宪法和公民团结，在国际法的宪法化过程中必须彼此松开，并在**以政治方式构成的世界社**

[1] Habermas, 'A Political Constitution for the Pluralist World Society?', in *Between Naturalism and Religion*, pp. 312–52. 在与欧洲宪法问题的关联中进一步澄清这一点时，我去掉了由标题中的问号所表达的保留，这种保留态度仍然是这个提纲的一个特征，参见《论欧洲宪法》一文的第三部分，in *The Crisis of the European Union*, Cambridge uk 2012, pp. 53–70。

会的不同层次上被重新安排。同时，跨国协商之全球内政的有关分配的任务，要求呼唤这样一种安排，它全然有别于对国际安全和人权的伤害——在联合国的超民族层面上，这种伤害最终必须被作为罪案处理。

哪怕是低于世界国家之组织门槛的任何世界社会的政治宪法，托马斯·内格尔（Thomas Nagel）也提出了道德理论异议；这个异议引导我去注意扩展思路会引起的结果。迄今为止，在考虑世界范围的宪法化过程的推动力量时，首先想到的，依然是超民族的和国际的舞台上重要行动者的民族国家。在这样构成的世界社会本身的框架内，这些**国家**也必须与个体公民一起被承认为是**世界宪法的主体**（Subjekte der Weltverfassung）。但是这样的话，两种相互竞争但同样正当的正义视角，就都会渗透进宪法之中。针对世界公民提出的平等对待之抽象主张，民族国家政府能够从国家的自我保护权利中推出一种局部的差异对待方案，而在这种国家中，**公民自由权的平等实现已经**呈现出**一种典范形式**。说到底，在其作为**国家**公民还是作为**世界**公民的可能的角色竞争中采用其中一种视角的，是同一批公民。上述设想要说的是，这种竞争不应当作为正义理论问题而沦为清谈阔论；相反，它必须通过程序渠道在政治上得到协调。[1]

---

[1] 在此期间我已经对这个观念做了进一步发展，参见 Habermas, "ZurPrinzipienkonkurrenz von Bürgergleichheit und Staatengleichheitimsupranational enGemeinwesen", in *Der Staat*, 53/2（2014）: 167–92。

第五章

理性之批判

在其柏拉图主义的源头，哲学既是智慧也是知识。与其他亚洲智慧训导和宗教一样，哲学也有自己的救赎之道，那就是以沉思方式向理念攀升，但这条道路它后来在与基督教神学的分工中放弃了。从一开始哲学就在希腊城邦的仪式活动中缺少根基，因此，与儒家和佛教不同，哲学是独一无二地以学术活动的形式而建立起来的。这也许可以部分地解释，它最初被理解为基础学科，并且至今都一直保持着与科学的一种特殊亲和性。在哲学思想的护卫下（它自己也曾受神学庇护），现代科学发展起来了；但是自十七世纪以来，科学从它与哲学的原初统一中摆脱出来了。[1]直至今天，哲学仍把自己看作一种科学活动；但是把"科学性"作为哲学论证的属性，已经不再意味着哲学可以被归在科学之中，或者它是与其他科学并列的"常规"科学。

如果一门科学学科之所以为"常规"，是因为它的方法、它的由其基本概念所定义的对象域，是确定了的，那么，哲学与科学之间的差别就可以这样来明确：哲学是一种"非确定的思想"。因为对在直接意向（intentione recta）中达成的每种知识形式都进一步保持反思的距离，哲学对人类认知之基本特征做一种"无禁忌的"使用[2]。这也说明了哲学思维的特殊危险：坏的哲学会暴露出对反思做一种自我放纵的使用，也就是做"空洞反思"。如果哲学不想让自己迷失在无限倒退的循环中，那么它就必须在生活所提出的问题中找到立足点，而不是迷失于其专业内滋生的问题之中。哲学以一种非常抽象的形式承诺了我们对自己的启蒙。无论如何，使哲学问题之选择摆脱随意性的那个参照点，就是**自我理解**过程的那个"**自我**"。

科学把眼光仅仅投向其对象域，哲学则相反，同时把注意力聚焦于一种相应的学习过程所提供的洞见，也就是聚焦于我们已经获得的知识[3]"对于我们"意味着什么。在哲学发挥作用的那个维度上，我们对世界之理解的变化与我们对自己之理解的变化，是彼此互动的。的确，正因为人类科学是经过解释而通达其对象域的，它们也指涉生活世界中所构成的事实，其中也铭刻着这种对"我们"的中心化指涉。**从效果历史的角度**

[1] Ludger Honnefelder, *Woherkommenwir? Ursprünge der Moderne im Denken des Mittelalters*（Berlin: Berlin University Press, 2007）.

[2] 英译本此处加："**namely second order thinking or reflection**"，意为"也就是二阶的思想或反思"。——译注

[3] 英译本中对应于"我们已经获得的知识"的是："**the knowledge we have acquired about the world（including the human being as another entity in the world）**"，意为"我们已经获得的关于世界（包括作为这个世界中另一个实体的人类）的知识"。——译注

（wirkungsgeschichtlichen Gesichtspunkten）**看**，人文社会科学的诠释对其当代听众总是履行自我理解功能的；但是，一旦它们把这种功能变成主题[1]，它们就违反了客观性的要求。举一个极端的例子，历史科学就绝不能混同于历史政治[2]。只有哲学不必为其自我指涉功能而感到耻辱。哲学确保其科学工作的客观性，不是通过对这种自我指涉进行一种晦暗的抽象，而是将其**普遍化为一种包容性的"我们"**。哲学澄清的自我理解之"自我"并不是一个特殊的族类，一个特殊的时代，一个特殊的世代，也不是一个个体——除非是一般意义上的这个人（diese Person imallgemeinen）。某物要对我们具有"哲学"意义，它必须与"我们作为人而实存（Dasein）的总体状态中的我们"相关[3]。在这个意义上，现代性的自我理解只有参照作为一个整体的历史，才保有其哲学上的重要性。

然而，对于在战后德国开始其研究的"怀疑的一代"（舍尔斯基语）来说，没有什么是比日耳曼-希腊人文主义传统有学识的代表的傲慢心智和排外自负更为格格不入的了。对于目睹德

---

[1] 英译本此处加："**and when they explicitly pursue such an influence disguised as academic studies,**"意为"一旦它们明确地追求一种伪装成学术研究的此类影响"。——译注

[2] 英译本对应于"历史政治"的是"**the politics of history and memory**"，意为"历史与记忆的政治"。——译注

[3] 英译本中此处对应的是"**it is 'of existential relevance for us as human beings'**"，意为"与作为人类的我们有存在性的关联"。——译注

国大学之道德败坏的我们来说，没有比要求"伟大的"哲学从一个独特优越的地位来治愈世界这种想法更为荒谬可笑的了。对于那种宣称具有通达真理之特权通道的自大心理和精英主义，我们已经具有免疫力。正是这种开宗者（Eingeweihten/the initiated）的高调，让我对"终极问题"的光环保持警醒。[1]对于放弃虚假的自负姿态来说具有决定性意义的，是另一个动机：只有采纳平等主义的论证和启蒙路径，才能成为现时代的同时代人，而对于我这一代人来说，直到1945年，这在艺术与文学、哲学与科学以及法律与政治领域都是无门可入的。

战后，我们主要是从康德到马克思的令人印象深刻的智识发展中遭遇"启蒙"。然而，从黑格尔到马克思的最后一步我们必须自己走出，可能在诸如洛维特《从黑格尔到尼采》这样的研究的激发下。"启蒙"[2]并不只是科学知识本身，而是认识进步过程中对自我欺骗的消解。[3]科学是启蒙形式的中介，赫尔德、洪堡和黑格尔视之使人解放的教化过程（Bildungsprozeß）。黑格尔试图把哲学与科学的打破的统一重新建立在绝对精神

---

[1] 在 *Habermas: A Critical Reader*（Oxford and Malden, MA: Blackwell, 1999）这个文集的导言（pp. 1-28）中，Peter Dews 提供了对我的元哲学反思的一个有见地的解释，他在其中谈到"回避终极的问题"（p. 20）。

[2] 英译本中此处加 **"in the present context"**，意为"在当下的语境中"。——译注

[3] 此句在英译本中对应的是 **"an improvement of our self-understanding as a consequence of a specific advance in knowledge about the world"**，意为"我们自我理解的一种改善，而这是关于世界的知识的一种特殊进展的结果"。——译注

之中；他的这种过分热情的努力激起了青年黑格尔主义者的批判，并导致一次"十九世纪思想断裂"（洛维特语）。自那以来，哲学一直在历史的偶然性中追寻理性的踪迹。费尔巴哈和马克思把黑格尔的"变得合理之现实（vernünftig gewordene Wirklichkeit）"的观念移放到这样的位置：一种在历史中展开，并有待于在实践中实现的理性**潜能**。在此过程中，那个向未来开放的维度，又归还给了他们一直仍当做一个教化成长过程来理解的世界历史。而"哲学的现实化"这个流行说法，他们把它与我自己那时也接受的观念相联系：哲学不能再就其本身来理解，而只能作为**批判**来理解。[1]

在黑格尔之后，以科学姿态出现的社会理论从历史哲学那里继承了对当代（Gegenwart）作受发展史启发的自我理解的任务。它试图从一系列社会形态中鉴别出已经蓄积起来但暂时被阻抑的合理性潜能（Vernunftpotentialen）。因此，把这种理论与其他社会科学区别开来的，并不是更为综合的范畴框架（直到塔尔科特·帕森斯，文化人类学、经济学与政治学也被整合进了这样的框架），而在于一种充满经验内容但面向未来开放的当代社会诊断所具有的"实践视角"。当然，不管这种诊断的经验内容多么扎实，若没有一种规范尺度（它必须是有待证明的），

[1] See Habermas, 'Literaturbericht zur philosophischen Diskussion um Marx und den Marxismus', *Philosophische Rundschau*, V/3–4（1957）: pp. 165–235.

它们就不可能成立。

借助其"意识形态批判"概念，马克思从自我反思的教化过程这个观念[1]中形成一种这样的尺度。通过反思消除指导行动的幻觉，促进摆脱社会约束的解放，得到加强自主性的实践结果。根据这种观念，自由与压迫方面的进步，是自我反思之鼹鼠般顽强工作（die Maulwurfsarb eiteiner Selbstreflexion[2]）的结果，其痕迹可以在种种历史意识格局（historischen Bewußtseinsformationen）中发现。直到1971年，我仍然把马克思的社会进化观的理论结构描述为"类历史之自我反思"的一个双重过程："在反思其出现的关联状态并预期其应用的关联状态时，理论把自己理解为它正在分析的社会生活关联状态的一种必要的催化成分；也就是说，它在将这种社会生活关联状态作为高度整合的强制性关联状态来分析的时候，是从这样一个视角出发的：这种状态是有可能被扬弃的。"[3]在同一个文本

---

[1] 英译本中对应于"自我反思的教化过程这个观念"的是"**theideaof a selfreflex ivedissolutionofsystematicprejudices**"，意为"系统性偏见的自反性消解这一观念"。——译注

[2] 鼹鼠（Maulwurf）是作者多次使用的一个比喻（最近一次使用该比喻可能是在作者于2019年6月19日做的再论道德与伦理关系的演讲，见《哲学分析》第11卷第1期/2020年2月，第102页），用来表达"理性"或"革命"等力量在历史过程中发挥作用的特点。——译注

[3] Habermas, 'Introduction: Some Difficulties in the Attempt to Link Theory and Practice', in Habermas, *Theory and Practice*, trans. John Viertel（London: Heinemann, 1974）, p. 2（translation amended）.

中，我也提及这种观念无法处理的一些异议。自我反思之"自我"物化成"类主体"，错误地把适用于个体生活史的"教化过程"的观念加诸作为整体的历史，于是宏大主体（Subjekteim Großformat/**subjects writ large**）就取代了主体间共享的生活世界。[1]

一旦我用"交往行动"和"商谈"的概念工具替代植根于意识哲学中的这些观念，我就能把握住自我反思概念当中的一种区分——《认识与旨趣》，那时还看不到这种分化。我认识到，以**常规方式**对能力健全之说话主体、判断主体和行动主体所拥有的那种未明言知识——对他们来说这种知识最初仅仅是施为地出现的——重构是一回事，针对自我欺骗进行**提高意识水平**的批判是另一回事，这两者绝不能混淆起来。这种区别[2]提醒哲学，它的原初任务乃是对我们未明言的行动中知识（implizites Vollzugswissen），进行理性的重构[3]。但因为"这种知识总是为自己主张一种特殊的'纯粹'

---

[1] 关于对我自己的立场的这种批评，亦参见Habermas, "Nachdreißig Jahren: Bemerkungenzu *Erkenntnis und Interesse*", in Stefan Müller-Doohm（ed.）, *Das Interesse der Vernunft*（Frankfurt am Main: Suhrkamp, 2000）, pp. 12-22。

[2] 英译本中对应于"这种区别"的是"**This distinction between 'reconstruction' and 'critique'**"，意为"'重构'与'批判'之间的这种区别"。——译注

[3] 英译本中对应于此句的是"**making the propositional content of that kind of tacit knowledge explicit which guides our cognitive and grammatical operations**"，意为"澄清指导我们的认知和语法运用的那种默会知识"。——译注

知识的地位"，^[1]哲学也就不再能够被归结为"批判"了。因此，《交往行动理论》就是这样在1970年代依据不同的哲学观发展出来的。因为，随着社会理论发生转变，即从用旨在解放的自我反思**为统治之批判提供基础**，到用交往理性观念**为合理性理论提供基础**，"元哲学的"反思也必须采取一个不同的方向。^[2]元哲学反思现在更为关切的，是把一股脑儿放进"批判"这个过度政治化的概念中的不同任务和角色分化开来。

一　元哲学反思

1971年发表的"哲学仍有一个目的吗？"一文，是我对这个问题的一个相对较早的反思，它标志着上述思想发展过程的起点。^[3]针对阿多诺那种即使在抛弃形而上学时也要保持对形而上学的忠诚的怀乡式的反应，这篇文章提出一种比较冷静的现状分析，并引向这样一种评估：就哲学与科学的关系和哲学与

---

[1] Habermas, *Theory and Practice*, p. 24.

[2] 我使用"元哲学的"这个已很流行的术语，并不是没有保留的。这个表达所体现的语言层次之间的差异，并不能恰当反映理性批判的自我指涉特征。

[3] Habermas, '**Does Philosophy Still Have a Purpose?**', in Habermas, *Philosophical-Political Profiles*, trans. Frederick G. Lawrence（London: Heinemann, 1981），pp. 1–20.

宗教的关系而言，今天出现了一个新的格局。当然，这个评价可能也是含糊其辞的。那时仍然存在的那些哲学流派，是寄托在1920年代的哲学——我们现在看到，那是德国哲学自1800年以来最有创造力的阶段——声望之上的。一方面，那篇文章暴露了社民派自由派联合执政时期德国人对首次成为"西欧之同时代人"的满意程度；而同样明显的是，对曾经由于德国政治发展之不同时性而出现的德国哲学的古怪的特立独行特征[1]的消失，感到遗憾。这种认为"精神在别处已经形态崩溃"，现身于对那种在加速现代化过程中被抛到一边去的人类本质的敏锐感受之中。这个时代在我写作的此刻已成陈迹，其特征首先是哲学思考对于其所处时代的批判性关系，以及发展一种"现时代之理论"的雄心勃勃目标，也包括学术导师们的自我陶醉姿态，以及哲学思想以乖异方式体现在一些特立独行个体的风格和习惯之中。

与这一代导师相比较，我在1970年代早期注意到的是那种把哲学同化于科学的倾向；尽管有法国的后现代主义者，这种倾向现在事实上已经相当普遍：一方面是哲学观念的非人格化（以及形成学派力量的相应衰退），另一方面是哲学思想发展形式从研究型教学的讨论班课程，转向工场式研

---

[1] 英译本在这里加了当时一些著名哲学家的名字：**Heidegger and Carl Schmitt, Lukács, Bloch and Benjamin**。——译注

究的工作方式和解决问题模式。把哲学拉进科学体系的这种学科整合所涉及的，仅仅是哲学作为诸多学科之一的秘传角色。我在那时对哲学的通俗角色所做的思考，有非常强的时代特征。

哲学应当采取的，是一种双重"批判"的立场：一方面针对关于国家主导下的科学技术进步的技治论观念，另一方面针对一种看上去不可阻挡但精神上脱轨的世俗化过程的非理性后果。也就是说，面对从那时的反文化运动释放出来的新宗教运动和宗派，世俗的经过启蒙的哲学应当把自己理解为犹太-基督教传统之乌托邦内涵的真正后裔，而且应当用一种平等的个人主义来抗衡道德意识的可怕侵蚀。换句话说，哲学要着眼于两个方面的理性批判：它必须澄清与宗教以及与科学及其应用之间的关系，它也必须对现代性的自我理解提供清理疏解的服务。基于这些考虑，哲学也可以在一种自由主义的政治文化中扮演一种公共角色——那就是作为依然意识到其可错性的"合理性的监护人"。

然而，与这种诊断形成截然对照的是，在1970年代，从宾词属格（genitivusobiectivus）与主词属格（subiectivus）双重意义上理解"理性批判"变得不再流行了；相反，它开始被理解为对于理性之原教旨主义自我理解的**必然**假象的单向批判。我辩护的理性批判与此相反；我辩护的康德意义上的理性批判，是对理性之正确运用——亦即受自我批判约束的理性之运用——的**自我**启蒙。[1]对理性原教旨主义的批判只有就其坚持哲学反思之事后性质（Nachträglichkeit）而言，才是正确的。哲学不可能[2]在科学体系中扮演根基科学（Grundwissenschaft）的角色；哲学并不是为其他学科**指派位子**，而充其量只能努力与科学——它们遵循的是其各自的逻辑——保持步调一致，以便为一些强理论策略**保留席位**。当然，因为我其时操心的是马克斯-普朗克研究所的日常研究，并且强调哲学的合作功能，所以，这篇文章并未足够重视哲学带入分工的主要贡献：在其核心学科中所从事的那种专业研究。[3]

此外，哲学不仅仅与科学进行交流。逻辑、认识论、语言哲学或行动理论等等领域中所施行的概念分析工作，恰恰显示了与常识的亲和性，亦即与有能力健全的判断、言说和行动主体的日常知识的亲和性。哲学与施为地在场的生活世界的直觉背景，处于一种亲密的但又是批判的关系之中，因为它澄清那种我们"总是已经知道"的实用知识，由此而把它从日常知识

---

[1] Habermas, 'Philosophy as Stand-In and Interpreter', in Habermas, *Moral Consciousness and Communicative Action*, trans. Christian Lenhardt and Shierry Weber Nicholsen（Cambridge: Polity, 1992）, pp. 1-20.

[2] 英译本此处加"and should not pretend to"，意为"也不应该假装"。——译注

[3] 英译本中对应此句的是"namely, the conceptual work of rational reconstruction as performed by its own core disciplines"，意为"亦即由其自身的核心学科所从事的理性重构的概念工作"。——译注

的施为模态（Vollzugsmodus）中移除出去。[1] 与生活世界的这种关系，确保了即使是后形而上学的思考也保持着对整体的指涉，即使不是对实体化的存在者（hypostasierten Seienden）之总体的指涉，也至少是对我们的那种前反思地相伴随的历史、社会和文化环境之整体的前理论语境的指涉。

这种整体指涉也解释了，哲学是能够不受所有科学化趋势影响而**维持**一种自我理解功能的。它绝不会让现代性的话语完全脱手，即使有时候这种话语会转给社会理论。在现代性的话语中，它必须尊重科学与技术、法律与道德以及艺术和艺术批评这些分化的"价值领域"（马克斯·韦伯）的自主逻辑，正如它也必须尊重科学体系内部诸单一学科的自主性一样。但因为它**后构了**（nachkonstruiert）这些先在结构[2]，它就获得了一种"多语言性（Vielsprachigkeit）"，这使它有资格在公共领域中扮演一个**解释者**（Interpreten）的角色，在专家文化之间以及专家文化与生活世界之间进行中介性的翻译。

哲学只要没有完全退为一门纯学术的学科，它都将对现代社会导向的需要做出回应（哪怕极为节制），并因此保持其实践

---

[1] Habermas, "Edmund Husserl über Lebenswelt, Philosophie und Wissenschaft", in Habermas, *Texte und Kontexte*（Frankfurt am Main: Suhrkamp, 1991）, pp. 34–48.

[2] 英译本中对应于"先在结构"的是"**the rational core of these pre-existing cultural and social structures**"，意为"这些预先存在的文化社会结构的理性内核"。——译注

的相关性。但是，科学体系内部之临时占位者（Platzhalter）和科学体系之外之"解释者"这种朴素角色的定位，会使青年黑格尔派曾通过对**理论与实践**之间古典关系的倒转来回答的问题，重新处于开放状态，即哲学对一种**变革性实践**的自我理解，也能有所贡献吗？毕竟，理论与实践的关系这个论题就是这样获得一种清晰的政治含义，甚至**社会批判**含义的。然而，在一种现存的民主秩序的语境中，这个问题只能带着一种改良主义的音色，因为民主法治国的基础是自我反思的[1]，而且还把它的自我转换与程序绑在一起。[2]

尤其当危机降临，一种批判的社会理论能否提供启蒙的质问，就更加紧迫了。前面提到1989—1990剧变之后迈克尔·哈勒对我做的一次访谈；在那次访谈中，我提醒说，"解放"已不再能够成为一个社会理论关键概念，因为批判已经抛弃了历史哲学支撑，而仅仅依靠交往理性的形式规定。[3]高度抽象的社会理论充其量能够让我们对逆向潮流有所感知，并告诫我们，要

---

[1] 英译本中对应于"民主法治国的基础是自我反思的"的是"**the constitutional state can be understood as the project of an ever more complete realization of human rights**"，意为"宪政国家可以被理解为是一个人权实现之不断完善的方案"。——译注

[2] 关于公民不服从问题，see Habermas, "Civil Disobedience: Litmus Test for the Democratic Constitutional State", *Berkeley Journal of Sociology* 30（1985）: 95-116。

[3] Habermas, '**What Theories Can Accomplish—And What They Can't**', in Habermas, *The Past as Future*, trans. Max Pensky（Lincoln, NE: University of Nebraska Press, 1994）, pp. 121-41.

把这些模糊状态理解为日渐收缩的行动空间中我们要承担更强行动责任的呼吁。诚然,危机会令人困惑,但它也会擦亮我们的眼睛,让我们把敏锐眼光投向必须通过集体行动解决的那类问题——这些问题也只有在以下情况下才有可能解决,即改变公共讨论的既有参数,从而找到新的政治选项,并把这些选项看做是可以接纳的。

"在经历了理论被错误地实践化这样的大失败之后",我重新思考这个主题[1],以便澄清哲学与民主的关系。[2]两者都出现在同样的历史语境中,而且保持着功能上的相互交叉。因此,发现哲学家们现在不但担任"专家"或"生活顾问"的角色,而且担任政治知识分子的角色,并不奇怪。如果哲学家们分享一种动态的宪政观,把民主宪法理解为这样一种方案,即在变化的历史条件下,以一种不同的和尽可能更好的方式**穷尽**宪政原则之规范内容,那么,他们就将更加心甘情愿地扮演这种角色。尽管如此,与任何其他科学一样,哲学是一种具有可错性的事业,它并不赋予运用其哲学洞见的知识分子以任何超出公民身份资格的特殊正当性。

---

[1] 英译本中对应于"这个主题"的是 "the issue of 'Theory and Praxis'",意为 "'理论与实践'这个问题"。——译注

[2] Habermas, 'The Relationship between Theory and Practice Revisited', in Habermas, *Truth and Justification*, trans. Barbara Fultner (Cambridge: Polity, 2003), pp. 277–92, here p. 283.

二 后形而上学思考

甚至交往理论之后，我也是从对于晚近哲学史的一种青年黑格尔派的解释出发的。根据这种解释，康德否定了形而上学使用的那类特殊论证的有效性；然后，黑格尔用"主观精神"向"客观精神"的转化向意识哲学之批判迈出了一步，因为他认识到了新近对于历史、文化和社会的那些兴趣所具有的哲学意义。在告别了观念论之后，精神的去先验化表现使得有可能对历史地置身于社会文化生活形式中的那个理性的符号化身，去进行经验的探究。一种经受了历史主义和实用主义之启蒙的后形而上学思维，通过捍卫一种弱的和可错论的但是并非失败主义的理性观念，而保留了康德主义遗产中的普遍主义。理性即使散布在语言和各种符号形式之中，也仍然是同一个理性。在为这种立场辩护的时候，既要针对形而上学的总体化思维（Alleinheitsdenkens）的多少被弱化的延续，也要针对自我指涉的激进的理性批判的情境主义。

后形而上学思维的这种双重姿态可从理性对普遍主义主张的坚持那里得到说明。理性之为交往的，就在其暂时的纷杂声音中保持了程序的一体性。从一开始就是哲学之核心关切的"一与多"问题，曾分别以本体论的、唯灵论的和语言学的范式等不同的形式出现。[1]

---

[1] Habermas, 'The Unity of Reason in the Diversity of Its Voices', in Habermas, *Postmetaphysical Thinking*, trans. William Mark Hohengarten（Cambridge: Polity, 1992）, pp. 115–48.

要令人信服地解决如何通过"多"而保持"一"这个问题，既不能以发生学的方法（说明"多"来自"一"），也不能从功能的角度出发（心灵在[感性]杂多中建立统一性的综合），还不能以辩证的方式（克服相互对立的视角）。解决方案只能是建构的：通过会话参与者共同采纳的那些反事实预设的预期力量。

会话的参与者们，不管他们之间多么陌生，原则上都能在商谈中相互学习，而且同时检验他们在与他们共同假定为客观的那个世界打交道时所学到的东西——这是事实（Faktum）。如果诸如真理、合理性或辩护这样一些概念不在每一个语言共同体——就算是根据不同解释——发挥**同样的**语用作用，进而以此方式促成对有关超情境有效性主张之理解的共同追求，那么，相互学习与向世界学习两者交叉这个事实，就会无法解释。

迪特尔·亨里希（Dieter Henrich）在哲学上的毕生工作，是发展一种康德之后的形而上学，后者对于向后形而上学思维转换这个论题来说是一种挑战。在一般性地澄清后形而上学思维的地位时，[1] 我与亨里希的争论是值得一提的。[2] 经典形式的形而上属于这样一些强传统，它们以一种同源于我们周围生活世界之

---

[1] Dieter Henrich, 'What is Metaphysics-What is Modernity? Twelve Theses against Jürgen Habermas', in Peter Dewes（ed.）, *Habermas: A Critical Reader*（Oxford and Malden, MA: Blackwell, 1999）, pp. 291–319. On the continuation of this discussion see, more recently, Dieter Henrich, *Denken und Selbstsein*（Frankfurt am Main: Suhrkamp, 2007）, ch. IV.

[2] Habermas, '**Metaphysics after Kant**', in *Postmetaphysical Thinking*, pp. 10–27.

整体结构的方式，解释世界或世界史。但是，一如既往地与生活世界保持特别关系的现代哲学，只能把这个总体表征为一种**前反思**的背景。这解释了与形而上学和宗教**世界图景**的告别，后者把既无所不包又你进它退的生活世界视域作为一个**客观的**总体放在眼前。此外，形而上学和宗教学说的基本观念依赖于诸个有效性主张的融合，而经过事实知识与道德实践洞见和审美判断之间的不可逆转的分化，这种融合已经被消解掉了。

把意识和自我意识中的认识论自我关联作为出发点的后康德主义形而上学，要避免对自然与历史之整体的客观化，同时也要延续那种万相归一（All-Einheit）的观念论思路。但它遭遇了十九世纪时加在它头上的两个问题。一方面，哲学发现它不得不调和康德、达尔文和爱因斯坦，以及在一般意义上协调人之为人的自我理解（personale Selbstverständnis）与自然科学的客观化自我描述。另一方面，社会人文科学之兴起和历史意识之侵入哲学，动摇了唯灵论范式的基础。意识的去先验化已经使与自我的认识关系丧失了其建构理论的关键性策略作用。

我在"语言学转向"、"理性之语境化"和"程序合理性"这些关键词名下考察过这场思想运动。[1] 由此说出了形而上学解释模式降格的相关理由，虽然对形而上学思想的大致勾勒，恐怕无法

---

[1] Habermas, 'Themes in Postmetaphysical Thinking', in *Postmetaphysical Thinking*, pp. 28–53; see also: Habermas, 'From Kant to Hegel and Back Again: The Move toward Detranscendentalization', in *Truth and Justification*, pp. 131–74.

公正地对待后形而上学思维所继承的希腊遗产——尤其是亚里士多德遗产——的实质。此外，理论与实践之间的古典关系的颠转引发了一种"超凡者之紧缩"（Deflationierung des Außeralltäglichen），其中暴露了这一哲学传统的后果甚多的片面性，那就是，把注意力集中在语言的表征功能上，并把理性归结为理论认识能力。

只要"理论"是用大写字母"T"写下的，而且承诺为行动和感知的主体，指点生命的方向，这种"逻各斯中心主义"在实践层面上还是无害的。这种默认功能让形而上学带上了一个光环，德国观念论将其余烬保留在以大学为中介的"教化人文主义"（**Bildungshumanismus**）时代。这种光环的消失是一个迟到的信号，表明自从十七世纪之后哲学已经丧失了创造世界图景的能力。从理性批判的视角看，随之而来的问题是：因后形而上学而变得清醒的哲学事业，还能提供什么？

在这方面，并没有明确依据表明有一个朝向"西方的逻各斯专有"（abendländischen Logos-Auszeichnung）（阿佩尔语）的趋势。一条回溯到休谟的论证线索指向的，是在哲学与不断进步着的、被看做具有范式意义的科学之间有一个独有的联盟。在实践哲学中，相应的就是把理性（Vernunft）还原为一个狭隘的合理性（Rationalität）概念[1]。另一方面，同样的趋势也能引发针对由

---

[1] 英译本中，对应于"一个狭隘的合理性概念"的是"**a narrow concept of rational choice**"，意为"一个狭隘的理性选择概念"。——译注

那种还原形式的理论理性从自身释放出非理性主义的警告。因此，一条追溯到康德的论证思路强调的是，理性在因为后形而上学而变得清醒、挣脱宗教而获得独立以后，它的不同向度之间要实现分化。康德把溃败的思辨理性的残片捡了起来，并在他的形而上学批判的基础上重新拼装起来。现在，这种哲学遇到了两方面的动向：一方面是科学主义的自然主义，它用从生物遗传学和神经生物学、机器人制造学和新达尔文主义进化理论中借来的工具，把十九世纪和二十世纪早期的"科学的世界图景"加以现代化；另一方面是宗教的含义复杂的复活，它既释放出原教旨主义的暴力，也提供了尚未开发的语义潜能之源。这些对立以新的形式向后形而上学思维的自我理解提出了理性批判问题。

三 自然主义的挑战

科学主义认为最终"算数"的只是物理学知识，或一种类似的知识，这种观点把哲学带入了窘境。即使是分享这种观点的哲学家，剩下能做的也就是采纳"硬"科学的风格。然而，依葫芦画瓢并不能把概念分析转化成一门经验科学。对自然主义的挑战，我最初用后形而上学思维的谱系学回应。[1]

---

[1] Habermas, 'From Worldviews to the Lifeworld', in Habermas, *Postmetaphysical Thinking II*, trans. Ciaran Cronin（Cambridge: Polity, 2017）, pp. 3–27.

如果我们假定当今哲学工作根本上在于对一般意义上的能力进行阐发，对文化之各个分化形态的独特逻辑进行反思，那么，生活世界就突然变成了一个总命题，在学科的高度发达的内在分化中，生活世界把彼此分叉开来的各种连字符哲学（Bindestrichphilosophien）[1]整合在一起。一方面，能力健全之判断、言说和行为主体的施为知识，是植根于这样一个生活世界的基础结构之中的，它可以被理解为人作为社会文化生物所必需的那些特有能力——对世界的意向态度，彼此间的视角采纳，为了交往和表征而使用命题上分化的语言，工具性行动，以及社会合作——之所以可能的条件的总合。另一方面，生活世界的这个一般结构又客观化于历史上**先已存在的**社会实践和文化形式的多样性之中，如科学和技术、法律与道德、艺术和批评。

从经过交往理论阐发的生活世界概念的视角看，胡塞尔诉诸生活世界而揭示科学之"被遗忘的意义根基"的努力，为与自然主义的争论提供了一个交接点。但是，在以谱系学方式追问这个概念通过处理轴心时代的形而上学和宗教遗产中而起源时，又同时取消了胡塞尔关于对科学的科学主义理解乃是基于一种客观主义的自我误解这个诊断中所蕴含的先验区分。从"由世界图景而生活世界"之道路的视角出发，看

---

[1] 即把某个文化或社会领域的名称与"哲学"连接起来成为像"数学哲学"、"生态哲学"这样的哲学分支。——译注

不出一定要把生活世界之认识论角色理解为是对科学对象域的先验的创造生成。因为只有在那种情况下，才能为人们的日常自我理解筑起一道抵御科学主义修正的**坚固**壁垒。事实上，后形而上学思维的谱系学表明，一种**塞进**先验意识并被**抬升到**理智领域的生活世界，**本身**只有通过理性的去先验化才能出现。

"生活世界"、"客观世界"和"日常世界"的概念组合为我提供了概要分析世界图景发展的钥匙。从"科学的世界图景"的常规视角来看，世界图景的发展表现为这样两方面之间不断发生的认知分离过程，一方面是可由科学认识的客观世界，另一方面是在我们身后发挥作用的生活世界的那些投射出对象化的方面。在这个过程中哲学有重要作用，因为它先是制定了世界作为存在者之总体（Seiendenim Ganzen）的本体论的世界概念，然后从十七世纪以来，它发展了一个把世界作为可表象对象之总体的认识论的世界概念。随着**现代自然科学**而兴起的这种客观化趋势，似乎可以归结为这样一个假定：一种以科学主义形式走到极端的自然主义，具有最终的发言权。

然而，这种观念却无法公正地对待随着**人文社会科学**而兴起的另一种趋势，后者试图把由生活世界构成的日常世界的各个部分客观化。也就是说，从那以来，我们把面前的客观世界制定的图像两极分化了，因为日常现象的客观化指向**不同的方**

向。"客观化"我们一定不能自动地混同于把世界内所发生的一切归结到与可操控可度量的现象打交道那方面去。自然科学通过**消除**日常世界之生活世界特质，接近"不偏不倚的判断"（die Idee einerunparteilichen Beurteilung），而人文科学要达到同样目标，只有通过对生活世界经验与实践的**解释学的确认和深度重构**。有鉴于这两种相反性质的客观化，心灵自然化的企图也变得更加复杂了。也就是说，一种由符号构成的心灵的主体间构造，会阻止认知科学把主观经验**直接**追溯到大脑活动。如果一个人想要关注"客观精神"对"主观精神"的影响，就必须把因果解释序列中的优先性赋予通过参与者的身体而发生的交往行动，以及它们的有机体回应。[1]

这就是我在第九篇文章中展开的论证方向。[2]那篇文章把有关意志自由的争论当作契机，借此引入自然主义的一个较弱版本来对抗科学主义。一种方式是从观察者视角进入物理上可度量的事态与事件的世界，另一种方式是以与参与者视角相连接的解释学的方式进入符号对象和生活世界的实践，这两种方式

[1] 英译本与"就必须把因果解释序列中的优先性赋予通过参与者的身体而发生的交往行动，以及它们的有机体回应"对应的是："one must accord priority in the sequence of causal explanation to intersubjectively shared acts and contexts of meaning which, as Putnam puts it, are 'nothing in the head' of single actors"，意为"就必须把因果解释序列中的优先性赋予主体间共享的行为和意义语境，而后者，正如普特南所说的，并不存在于个别行动者的大脑中"。——译注

[2] Habermas, 'The Language Game of Responsible Agency and the Problem of Free Will', *Philosophical Explorations* 10/1（2007）: 13–50.

之间有一条认识论上的鸿沟。与这两种方式相对应的语言游戏二元论，是我们必须认真对待的，因为一方并不能还原为另一方。对据说是同一个对象的彼此竞争的描述之间的差异，是无法在语义上消除的。[1]一种相容主义的路径亦无法消除还原主义尝试所带来的不和结果：人脑并不"思想"！另一方面，我们感到有必要有一幅融贯的宇宙图景，人类作为自然存在包含在内。正是这一点激发了我对**自然历史**的概念维度的探究，在这种历史中，"自上而下"通过概念分析重构的社会文化学习过程的初始条件，与"自下而上"通过进化论加以说明的那些自然特征组合，是可以被等同起来的。这种"对应"（Entsprechung）必须通过——比如说——"学习"和"发展"这种在自然科学范畴和人的科学范畴之间[2]建立起概念连续统的充分抽象的概念，建立起语义桥梁。[3]

---

[1] 英译本在此句前加：**"The failed attempts to translate propositions from intentionalist into physicalist language reveal..."** 意为"把命题从意向主义的语言翻译为物理主义的语言这样的失败的努力表明，……"。——译注

[2] 英译本中对应于"在自然科学范畴和人的科学范畴之间"的是"between the categories of sociocultural learning and learning in terms of natural evolution"，意为"在社会文化学习的范畴和自然进化所理解的学习的范畴之间"。——译注。

[3] 在谢林的自然哲学中，观念论的"养成"（Bildung）发挥了这个作用，而让·皮亚杰在其晚期工作中则试图把在发生结构主义中检验过的认知的学习概念以这样的方式普遍化，使它也适合于生物学中的自然主义的使用。Habermas, "The Language Game of Responsible Agency and the Problem of Free Will", *Philosophical Explorations* 10/1（2007）: 13–50。

四　宗教的挑战

后形而上学思想从形而上学中脱离出来，是与哲学从神学的监护中解放出来，同步进行的。从那以来认识论和理性法的权威话语结晶为这个时代的两项创新，一是以实验方式进行的并且数学化的自然科学，一是世俗国家的科层权力。从这些话语最终发展出了哲学启蒙（philosophischen Aufklärung[1]）的既科学也世俗的自我理解。哲学让自己与科学结盟，也让科学按照自己的方式发展。同时，通过对宗教和形而上学保持批判性距离，它也背弃了自己的过去。然而，对于宗教批判的性质和内容来说，etsi Deus non daretur（上帝并不存在）这条方法论假设并不具有任何具体含义。

百科全书派寻求解释宗教错误和幻觉——换句话说，寻求关于宗教的真理，而德国观念论者则寻求宗教**中**的真理性内涵（不用说他们各自对作为整体的宗教观念世界的刻画是有差异的）。[2] 的确，康德和黑格尔赋予哲学把基督教传统内容中正确的东西与错误的东西区分开来的权利。但是为了发现这一点，他们必须容纳彼此竞争的真理性主张；他们必须把宗教像艺术和文学一样当

---

[1]　英译本中此处为"**the Enlightenment**"，意为"启蒙运动"。——译注

[2]　英译本在 encyclopédistes（百科全书派）和 the German idealists（德国观念论者）前分别加 **Hobbes**（霍布斯）和 **Spinoza**（斯宾诺莎）。——译注

做精神的一种形式[1]。他们也形成了关于宗教的一般观念，但是他们对于一般的宗教观念的功能或成因并不感兴趣。相反，他们假定宗教哲学应当填补人类心灵观念中的空白，否则人类心灵就依然是不完整的。康德关于纯粹理性宗教的概念是为了回答他的道德哲学所留下的问题。而黑格尔，则用作为绝对精神之一种形式的宗教，让哲学睁眼看到它自己提高到概念层次的宗教内容的起源。

我对这些哲学家与基督教传统之间的对话关系的反思，基于以下观察：康德的理性批判并没有在与宗教之间和与形而上学之间，保持同等的距离。[2]他的先验辩证论仅限于把理论理性限制在由经验指导的知性之运用上，并通过对形而上学的批判来抑制思辨理性的过度使用，而他的宗教哲学也绝非限于宗教批判这种破坏性的事业。相反，康德的宗教哲学也致力于**让实践理性意识到宗教来源**，在那里，它有可能就一个道德上可嘉许的人的获得幸福的资格与她将事实上体验一种配得的幸福的**正当期望**之间的不确定联系，有所学习。宗教哲学的任务就是辨认出在其道德哲学中有一席之地的"至善"概念，将其作为"地上天国"这个《圣经》末世学概念的转译，以此来关注在其

---

[1] 英译本中对应于"当做精神的一种形式"的是"**as an intellectual formation on a par with art and literature**"，意为"当做与艺术和文学地位相当的一种思想形态"。——译注

[2] Habermas, '**The Boundary between Faith and Knowledge: On the Reception and Contemporary Importance of Kant's Philosophy of Religion**', in Habermas, *Between Naturalism and Religion*, trans. Ciaran Cronin (Cambridge: Polity, 2008), pp. 209-47.

道德理论框架内无法克服的一种缺陷。

作为理性存在者，我们怀抱促进终极目的的旨趣，尽管我们只能把"道德与幸福的一致"想象为一种更高权力干预的结果，因为人类知性绝不能预见**责成于个体的**道德行动的偶然副作用的累积关联。康德认为他能设定这种能力，是因为我们都有义务去促进至善（但不能从道德上去要求任何人去做某种不可能的事情）。但是实际上问题在于，康德把促进只有通过合作行动才有可能的至善，总的来说是转化成了一种义务。这种要求的极端性超越了对每个个体的自由意志提出理性道德的边界。个体"直接"对道德法则负有义务。尽管如此，这种异议揭示了康德试图用宗教哲学去弥补一种缺陷。

一种责成于个体的道德，排除了共同体行动的公共维度；之所以不能把那种只有通过集体的团结行动才能实现的期望变成道德要求的内容，是有很好的理由的。然而，康德的宗教哲学讨论的，是教会以及教会赋予其制度形式的"神之民族"（Volk Gottes）为"地上天国之建立"**应当**作出的贡献。在这些段落中，实践理性似乎在《圣经》传统里撞上了一些它尚未处理，但同时抱有兴趣的主题。[1]

---

[1] 英译本此句对应的是："**In such passages, practical reason seems to encounter motifs in the biblical tradition whose semantic contents have not yet been translated into secular concepts but in which it nevertheless takes an interest.**"意为："在这些段落中，实践理性似乎在《圣经》传统中遇见了这样一些主题，它们的语义内容尚未译成世俗概念，但实践理性却是对之有兴趣的。"——译注

康德关注的是世俗理性能够和应当从宗教传统中吸收的内容，而黑格尔则发现宗教表象中那些哲学赋予概念的丰富语义遗产。尽管如此，康德和黑格尔都同样相信，宗教根本上是一种过去的现象，而从这种传统材料中剥离出合理的内核，则只是哲学的工作。社会学的经典作者分享了这种把宗教视作一种已成过去的精神形态的观点，并发展了一种社会世俗化理论，它应该对宗教意识的消失作出经验的说明。欧洲社会的发展似乎证实了这种理论。但是从一种扩展的全球视角看，世俗化理论的有效性现在似乎成问题了。最近几十年的争论使得我们的观点有必要作出进一步分化，而那个自信的预言，说宗教在文化和社会现代化过程中将会消失，则被釜底抽薪了。

当今，世俗化的问题也与方兴未艾的多文化世界社会的政治规制的需要联系在一起。正在进行的有关人权和被普遍接受的正义观的文化间对话，不但要克服宗教世界观之间的冲突，而且要克服宗教各派与世俗主义者之间的对抗。这立即就触发了这样的哲学问题：一种把自己当作从宗教守护中解放出来的理性之看守者的后形而上学思维，怎样对待纷纷以当代形式出现的宗教。毕竟，要求我们从**政治上**关注教会和宗教共同体之持续出现的，并不只是实用的考虑和经验的理由。相反，历史经验和反思的洞见表明，在今天，哲学不再能够如同一个审查宗教传统之真理内容的检查员那样，去看待生气勃勃的世界宗教。哲学不能再从一种仅限于西方的视角出发去了解，迄今为止它由之对犹太-基督教传统的重要语义内容做话语袭用（diskursivangeeignet）的那个学习过程，是否将**继续下去**，甚至将一直是**未完成**的。一种持不可知论立场但仍然愿意学习的哲学，是能够与一种已经具有反思性的宗教进入富有成果的对话关系的。一方坚持知识世界与信仰世界之间的分野，另一方则放弃定于一尊的企图，而同时双方都必须承认，对话并不是零和游戏，对话是排除把另一方当做工具对待。一方之所得，并不就是另一方之所失。

在《细斟所失》一书中，[1]我为这种对话做辩护，并列举了对后形而上学思维在科学与宗教之间的位置做新的理性批判考察的理由。世俗的、无遗漏地批判宗教和无保留地支持科学进步的那种理性，转向一种自反性的模式，并在两个方面，既针对自然科学的理论建构的科学主义同化力量，也针对宗教原教旨主义，捍卫自己的自主性。尽管如此，后形而上学思维承认，只有那些知道自己的信息必须在现代性的多样化的避难所里才能被倾听的宗教传统和社团，以及那些也承认后形而上学思维的谱系学是一种学习过程的神学，才是当代的知识形式。

从这个视角看，寻求跨越哲学语言游戏与神学语言游戏之间分界线的对话，代替了那些想从宗教取得其概念的理论。除

---

[1] Habermas, '**An Awareness of What is Missing**', in Habermas, *An Awareness of What is Missing: Faith and Reason in a Post-Secular Age*, ed. Michael Reder and Josef Schmidt, trans. Ciaran Cronin（Cambridge: Polity, 2010）, pp. 15–23.

了对话这种实践，哲学在同时代宗教面前的学习诚意，也就无从表达。当然，宗教哲学作为运用哲学手段对一种实践信仰进行合理的自我解释的事业，也是值得称赞的。但是，由于对后形而上学思维来说，宗教体验和信仰的宗教模式有一个不透明的内核，所以后形而上学思维必须放弃宗教哲学。而且，它并不试图把宗教传统的合理内容**还原**成根据其自己标准能够通过转译被吸纳进论辩性话语（diskursive Rede）中去。这种实践的一个最好的例子就是卡尔·雅斯贝尔斯（Karl Theodor Jaspers）与鲁道夫·布尔特曼（Rudolf Bultmann）之间的争论。在过去的四十多年中，我自己一直从与神学家们的讨论中得到富有成果的刺激。

重读我为1988年在芝加哥大学神学院召开的会议所提供的文章，[1] 我惊讶地发现了我思想中的连续性，这是与认为我在这期间已经改变了想法的说法相矛盾的。[2] 尤其是，我在那里提到世俗理性对宗教的任何虚假迎合都会碰到的"特殊的界线（spezifische Sperre）"。借用来自宗教词汇中的有希望含义，这种据说出于展示本真性的尝试，并不是一个文学风格的问题，而

---

[1] Don S. Browning and Schüssler Fiorenza（eds），*Habermas, Modernity, and Public Theology*（New York: Crossroad, 1992）.

[2] 在我的接受德国和平奖的受奖演说发表之后，有媒体认为我改变了看法；see Habermas, "Faith and Knowledge", in Habermas, *The Future of Human Nature*, trans. Hannah Beister, Max Pensky and William Rehg（Cambridge: Polity, 2003）, pp. 101–15。

是对论辩性思考（diskursiven Denken）的稀释。宗教仪式实践见证了人类精神发展史的早期阶段。为仪式赋予意义的那些神话解释，可能已代表着一种解释体现在前语言符号中的意义潜能的事后尝试。[1]对于我们这些现代性的儿女来说，这种意识模式已然无法参透。与那些远古开端保持联系的只有宗教，虽然宗教共同体崇拜的意义今天是用概念上高度分化的学说来解释的。宗教本身若非植根于一种仪式实践就无法存在下去。正是这一点，把宗教——绝对更甚于启示之权威——与所有世俗形态的思想区分了开来。对于那种热切希望超越信仰与知识之间严格边界的哲学来说，这是一种警告。

---

[1] Merlin Donald, *Origins of the Modern Mind: Three Stages in the Evolution of Culture and Cognition*（Cambridge, MA: Harvard University Press, 1991）.

译者后记

2009年，哈贝马斯诞辰八十周年之际，德国的苏尔坎普出版社出了一套哈贝马斯自选哲学文集，共五卷，每卷都有哈贝马斯自己撰写的一篇长导言，分别从"社会学的语言理论基础"、"合理性理论与语言理论"、"商谈伦理学"、"政治理论"和"理性之批判"这五个主题出发，对自己庞大理论著述中的哲学部分进行概述，不仅介绍其观点内容，而且阐述其提出语境和相关争论。在写于2008年9月的该文集序言中，哈贝马斯写道：在他感兴趣的那些狭义哲学论题方面，他到现在一本专著还没有写过呢；这几卷专题文集，"就权当是未能写出的那些专著的替身吧"。

哈贝马斯后来同意把这个五卷本自选文集的五篇导言放在一起，作为单独的一本书出版，并于2016年12月写了序言，放在政治出版社（Polity Press）出版的此书（英文版）之首。本书译者根据苏尔坎普出版社提供的德文原文翻译哈贝马斯的五篇序言，并根据苏尔坎普出版社提供的法文原文翻译法国学者让-马克·杜朗-加瑟兰对哈贝马斯工作的概述（哈贝马斯本人对这个概述评价甚高）。

此书的第一、二章由童世骏翻译，第三、四、五章由应奇翻译，让-马克·杜朗-加瑟兰的概述《导论》由郑宁宁翻译。童世骏校阅全书，并对译文质量负责。

感谢上海译文出版社编辑陈飞雪女士为本译本出版做的大量工作，也感谢匿名审稿专家对改进译稿质量提出的极好意见。

童世骏

2022 年 11 月 14 日

Jürgen Habermas

Philosophical Introductions: Five approaches to communicative reason

Chapters 1−5 first published in Philosophische Texte. Studienausgabe in fünf Bänden

© Suhrkamp Verlag Frankfurt am Main 2009

© Suhrkamp Verlag Berlin 2018 for Preface by Jürgen Habermas and the introduction by Jean-Marc Durand-Gasselin

All rights reserved by and controlled through Suhrkamp Verlag Berlin.

图字：09-2019-295号

图书在版编目（CIP）数据

哲学导言/（德）尤尔根·哈贝马斯著；童世骏，应奇，郑宁宁译.—上海：上海译文出版社，2023.6

书名原文：Philosophical Introductions：Five Approaches to Communicative Reason

ISBN 978-7-5327-9286-3

Ⅰ.①哲…　Ⅱ.①尤…②童…③应…④郑…　Ⅲ.①尤尔根·哈贝马斯—哲学思想　Ⅳ.①B516.6

中国国家版本馆CIP数据核字（2023）第076789号

哲学导言：交往理性五论 *Philosophical Introductions:* *Five Approaches to Communicative* *Reason*	Jürgen Habermas [德] 尤尔根·哈贝马斯　著 童世骏　应奇　郑宁宁　译	出版统筹　赵武平 责任编辑　陈飞雪 装帧设计　enkit

上海译文出版社有限公司出版、发行

网址：www.yiwen.com.cn

201101 上海市闵行区号景路159弄B座

浙江新华数码印务有限公司印刷

开本 850×1168　1/32　印张7.75　插页5　字数115,000

2023年7月第1版　2023年7月第1次印刷

ISBN 978-7-5327-9286-3/B·540

定价：98.00元